中小学教育智慧文库

孙 杰◎主编

遇见与成长

小学学科教学『立德树人』实践研究

安徽师范大学出版社
ANHUI NORMAL UNIVERSITY PRESS
· 芜湖 ·

图书在版编目(CIP)数据

遇见与成长:小学学科教学"立德树人"实践研究 /孙杰主编. — 芜湖:安徽师范大学出版社,2022.12
ISBN 978-7-5676-5733-5

Ⅰ.①遇… Ⅱ.①孙… Ⅲ.①小学—德育工作—研究 Ⅳ.①G621

中国版本图书馆CIP数据核字(2022)第175201号

遇见与成长:小学学科教学"立德树人"实践研究

孙杰◎主编

责任编辑:潘　安
责任校对:翟自成
装帧设计:张德宝
责任印制:桑国磊
出版发行:安徽师范大学出版社
　　　　　芜湖市北京东路1号安徽师范大学赭山校区　　　邮政编码:241000
网　　址:http://www.ahnupress.com/
发 行 部:0553-3883578　5910327　5910310(传真)
印　　刷:苏州市古得堡数码印刷有限公司
版　　次:2022年12月第1版
印　　次:2022年12月第1次印刷
规　　格:700 mm×1000 mm 1/16
印　　张:10.75
字　　数:200千字
书　　号:ISBN 978-7-5676-5733-5
定　　价:42.00元

凡发现图书有质量问题,请与我社联系(联系电话0553—5910315)

编　委　会

主　编：
　　　　孙　杰
副主编：
　　　　吕　辉　王　颖　马莉莉
编　委：
　　　　赵丽霞　杨　志　陈开锋　杨丽丽　徐海忠
　　　　毕　爽　宋丽丽　盖心禾　陈鹏旭　沙　帅
　　　　董　楠

前　言

"教育不是把篮子装满，而是把心点亮！"

  青少年阶段是人生的"拔节孕穗期"，作为教学任务的承担者、执行者与实施者——教师，承担着塑造灵魂、塑造生命、塑造人的历史重任。教师有什么样的体验，就会带给学生什么样的体验，因此，在学校教育活动中，教师是根，学生是本，课程则是实现育人目标和方式根本性转变的重要载体。作为新时代教师，不能只做传授书本知识的教书匠，而要成为塑造学生品格、品行、品味的"大先生"。也就是说，教育者做教育，最重要的是帮助学生在人的素养上将自己"立"起来。

  本书的内容是我们在教育教学活动中，一边学习、一边摸索，一边反思、一边实践而积累的感悟。

  回望来时的路，我与教育伙伴在相扶相携中经历了一次次观点的碰撞、思想的蜕变、认知的提升。在探究中感受着教育的温度，在碰撞中体味着教育的革新，在提升中收获着教育的快乐。展望未来，我将继续秉承"立德树人"之初心，怀揣为党育人、为国育才之使命，用教育的力量使更多生命变得更加美好。

  不求轰轰烈烈，但求厚积薄发；不求立竿见影，但求温和坚定。

2021 年 10 月 10 日

目　录

第二编　教育理念

第三编　师资建设

第四编　课程改革

第五编　因材施教

◆

第一编　区域课改

在学科教学中落实立德树人根本任务的实践研究报告

"在学科教学中落实立德树人根本任务的实践研究",在辽宁省营口市西市区8所小学开展,历经一年半的时间。在全课程育人、全方位育人、全过程育人的理念下,以科研为引领,以学科教学为载体,在学科研训员的组织下,通过行动研究,形成小学学科教育框架,明确学科教育的教学原则,探讨将学科教学转为学科育人的方法。指导基层教师找到社会主义核心价值观和学科教学的"交汇点",应用以"价值观建构为本"的课堂教学设计模式,将立德树人落实在教学实践中,形成可供借鉴与推广的学科教育策略,强化课堂育人主渠道,深化学科德育,培育学生学科核心素养,树立远大理想,提高道德修养,把握正确成长方向。

一、问题界定与研究内容

(一)问题界定

1.研究依据

党的十八大报告明确把"立德树人"写进教育方针,首次将立德树人作为教育的根本任务提出。党的十九大报告更是指出,要全面贯彻党的教育方针,落实立德树人根本任务,发展素质教育,推进教育公平,培养德智体美全面发展的社会主义建设者和接班人。"立德树人"是发展中国特色社会主义教育事业的核心所在,是党交给我们教育的重大历史命题。

落实立德树人,课程是主渠道,课堂教学是主阵地。因此本课题遵循不同阶段学生的认知特点,深入开展学科德育探索,深入挖掘学科本身所蕴含的价值观念和道德内涵,促进知识体系和价值体系、学科内容和科学方法的有机统一,构建有温度、有活力的课堂,让学生在多样的学习活动中发展道德认知,体验道德情感,逐步引导他们将个人成长、成才与新时代的中国追梦征程紧密相连。这样,将"立德树人"的根本任务落到实处。

2.课题界定

(1)立德树人。

立德树人思想是中华优秀传统文化的重要组成部分。

"立德"出自《左传》:"太上有立德,其次有立功,其次有立言。虽久不废,此之谓不朽。"当代中国的"立德"与中国古代的"立德"有所不同,社会主义核心价值观涵盖了当代中国公民应该具备的道德品质,也是"立德树人"的价值导向。

"树人"出自《管子》:"一年之计,莫如树谷;十年之计,莫如树木;终身之计,莫如树人。"今天,我们将其中的"树人"理解为:促进他人的身心健康发展,使之成为国家需要的人才。

把"立德树人"作为现阶段教育的根本任务,是对中华优秀传统文化的传承与发展,"立德树人"正在被赋予新的时代内涵。

(2)在小学学科教学中落实立德树人根本任务。

在小学阶段的学科教学中,开展基于社会主义核心价值观的学科育人的培训、实践研究,实现学科教学的育人功能。

(二)研究内容

第一,学科教学落实立德树人根本任务的学科育人框架研究。

第二,以学科教学为载体,落实立德树人根本任务的教学设计方法研究。

第三,推动学科德育进课堂的多样化教研活动研究。

二、研究目标与研究意义

(一)研究目标

第一,落实学科育人功能,实现知识学习、能力发展与道德生成。

第二,转变教师教学价值观,从学科教学走向学科育人,提升教师育人水平。

第三,提高区域小学德育工作水平,培养社会主义事业合格建设者和可靠接班人。

(二)研究意义

学科育人是学校德育的基本内容和主要渠道。德育实现学科化,就能更好地发挥每位教师的育人作用,达到教书与育人的统一。

面对"立德树人"根本任务,本课题在全课程育人、全方位育人、全过程育人的理念下,以科研为引领,以学科教学为载体,在学科研训员的组织下,通过行动研究,形成小学学科教育框架,明确学科教育的教学原则,探讨将学科教学转为学科育人的方法。我们指导教师找到社会主义核心价值观和学科教学的"交汇点",应用"建构价值观"为目的的教学设计方法,将立德树人落实在教学实践中,形成一些可供推广借鉴的学科育人策略,实现学科德育。

本课题研究提高教师对学科育人价值的理解与领悟,提高学校德育课程的系统性和科学性,真正使教学保证正确的育人方向。我们在问题研究中,培育学生学科核心素养,引导学生树立远大理想,提高学生道德修养,使学生把握正确成长方向。

1.理论价值

本课题强调依据学科特点落实德育,尝试结合教学,从思辨、文化自信、爱国主义等德育范畴挖掘小学学科自身德育因素,为如何在小学学科教学中落实德育提供具体建议,为全面提高学生道德素养做参考。

2.实践价值

随着课程改革的推进,人们越来越认识到学科德育的重要性,怎样在课堂教学中将学科教学与德育结合,一直是教育工作者探讨的重点。本课题研究从小学学科德育教研活动、教学实例入手,分析论证,为学科教学提供可操作的经验和建议,为落实立德树人根本任务做真正实践。

三、理论基础与实践进展

(一)理论基础

赫尔巴特是19世纪德国著名的教育家,他的代表作《普通教育学》提出了"教育性教学"。"教育性"即道德性,"教学"指科学文化知识的教学。"教育性教学"指出道德教育是教育的最高目的,教学是道德教育的重要手段之一,教学如果没有进行道德教育,只是一种没有目的的手段。

学科德育在我国从古至今的教育思想里是延续不断的。

自古以来,我国就有"文以载道"的优秀文化传统,"文道合一"依然是今天语文教学的原则之一,重视文化熏陶和德育融合是语文学科立德树人的根本体现。

蔡元培曾提出,艺术教育能够辅育德性,能够以美导善。因此,艺术学科讲德育,就是追求美与善。

到今天,国家领导人在全国教育大会上多次提到"立德树人",强调:要把立德树人融入思想道德教育、文化知识教育、社会实践教育各环节,贯穿基础教育、职业教育、高等教育各领域,学科体系、教学体系、教材体系、管理体系要围绕这个目标来设计,教师要围绕这个目标来教,学生要围绕这个目标来学。

2019年6月,中共中央、国务院印发的《关于深化教育教学改革全面提高义务教育质量的意见》强调,落实立德树人根本任务,健全立德树人落实机制。

基于以上理论的理解,本课题重点从德育与小学学科教学的联系出发,探索小学学科德育的教学实践。

(二)实践进展

课题组在研究探索时,不断调整完善,使课题研究保持持续、动态的推进状态,将理论与实践、成果与应用有机统一起来。

1.初期探索

初期探索是四场关于"立德树人"的研讨活动:

第一场,参与"学校德育管理工作"区域联合校长论坛。课题组围绕德育课程的开发,参与对"全员育人、全程育人、全方位育人"的讨论。

第二场,参与"教师育人能力的研究"营口市校长联合论坛。课题组就"学生德育现状、教师德育能力现状、如何提升教师育人能力"做了较为深入的发言。

第三场,主场"在课堂教学中落实立德树人根本任务"营口地区校长论坛。论坛中课题组展示了一节思政课、五节学科德育课,三位校长做了以"立德树人"为主题的发言。此次活动让我们更加清晰地认识到,落实立德树人,课堂教学是主阵地,教师执教能力是关键。我们初步形成了学科教学落实立德树人根本任务的教学框架。

第四场,组织"在学科教学中落实立德树人根本任务,提升教师育人水平"营口市教育学会学术年会分论坛。课题组组织四位教师、两位校长、两位研训员形成团队,结合学科教学、教研实践,鞭辟入里地解析了学科教学、教师与立德树人的关系,以及在学科德育的途径和方法。

2020年,课题组指导的150节微课在营口电视台及营口新媒体平台播放,当中,40节被评为市级示范课,18节推送省优质教育资源平台,59节推送"学习强国"平台。这里的每节课都有课题组对"立德树人"的思考,它们之所以被认可,很重要的一点,就是它们是"有灵魂"的学科德育。

2.中期成果

课题组完成课题总体方案的同时,确定实施计划,将研究的整个过程定位在"设计、教学、反思、重建"上。课题组定期召开研究例会,学习理论知识,交流研究的进展和困惑。每位课题组成员明确目标,落实责任,开展研究,及时记录、整理过程资料,反思研究效果,撰写研究论文,取得研究成果,完成研究目标。

(1)以学科教学为载体,落实立德树人根本任务的学科育人框架研究。

学科育人的目的:培养德智体美全面发展的社会主义建设者和接班人。

学科育人的内涵:在教师指导下,学生开展多种形式的学习活动,通过自主、合作、探究等方式,学习知识与运用知识,不断提高学科核心素养,获得道德素养的发展。

学科育人的特点:基于教材,主题多样;注重实践,形式丰富;关注素养,全面育人。

学科育人的原则:

第一,尊重学科性。

学科育人要突出"学科"二字,要遵循学科的学习规律,学科教学体现育人功能的基础,首先是学科知识的学习、学科核心素养的培育。

如,语文的核心素养是文化自信和语言运用、思维能力、审美创造的综合表现。本课题组在进行语文学科德育研究时发现,有些教师在教学时因为过分强调德育,而忽略了语言文字的学习和训练,这样的学科德育就成了无源之水,这样的语文教学变得似是而非。一堂课上完,看似热热闹闹,实则空空如也,不知所言。因此我们总结出:无论教学形式怎样翻新,学科本质是不能变的,这是基本原则。

第二,强调综合性。

要重视学科整合,与生活结合。打破传统教学的学科壁垒,加强语文、数学、音乐、美术、科学、社会等各学科教学资源的沟通与整合,以此来拓宽学科学习和运用的领域。还要与生活有机联系,立足课内,放眼课外,激发学生自主地、持续不断地探究学习,让学习与生活发生联系,与人生发生联系,与时代发生联系。

要实现工具性与人文性的融合。语文需要观察,需要倾听世界,需要自已有所发现,这是作家阿来对语文的理解,我们认同。实践证明,任何学科的学习都要这样。学生能够有自己的发现,不仅是知识的发现,更是人生观、价值观的发现,这就是最好的德育。

以北师大版小学数学教材六年级下册《神奇的莫比乌斯带》为例:

教学目标	让学生能将纸条做成莫比乌斯带,了解莫比乌斯带一个面、一条边的特征;经历动手操作、主动思考、合作交流的"做数学"的过程,感受数学的魅力;敢于大胆猜想,能够提出自己的见解,通过提问、猜想到验证的数学活动过程,激发学习数学的热情,点燃学生发现与创造的欲望,树立为国学习的志向		
教学重难点	了解莫比乌斯带"一个面、一条边"的特点,探索莫比乌斯带的神奇之处		
教学准备	多媒体课件、手机、纸条、剪刀、彩笔等		
教学流程	教师活动	学生活动	德育点
名家引领设疑导入	1.课件出示三位科学家的照片和生平简介 2.出示莫比乌斯照片及简介,出示课题,引导学生质疑 3.归纳数学学习方法	了解科学家的伟大成就 看大屏幕,了解并用自己的话介绍莫比乌斯并提出自己的问题明确方法	通过了解科学家们的卓越贡献,激发学生的民族自豪感,让他们感受到能够成为科学家,并用自己的名字来命名自己的研究成果是多么令人骄傲,心中的那个想当科学家的梦想瞬间被点燃,个个踌躇满志、积极主动地走进课堂
互动交流感受神奇	1.出示小蚂蚁遇到的问题,让学生自己动手尝试解决 2.总结做法、板书。引导学生进行验证,巡视指导,用手机拍摄有价值的方法 3.播放微课——生活中的莫比乌斯带	学生动手操作,探究莫比乌斯带的做法 汇报做法,进行猜想。用自己的方法进行验证 观看视频,了解其应用价值	引领学生经历"提问—猜想—验证"的活动过程,潜移默化中关注数学思想方法的渗透 将收集到的图片、视频等做成微课,让学生通过观看视频,感受莫比乌斯带的神奇魅力和应用价值,对数学学习的热情和科学研究的探求意识得到进一步的提升

教学流程	教师活动	学生活动	德育点
合作探索 创造神奇	1.猜想会剪成什么样 2.播放视频，出示活动记录单 3.巡视指导，拍摄图片，汇报成果及发现 4.继续播放视频	学生猜想，畅所欲言 合作探索，动手操作 汇报、交流、补充、总结 感受莫比乌斯带的神奇	学生通过动手实践，在一边玩、一边做、一边学中感受莫比乌斯带的变化，对它的奇异特性进行深层次的探索，经历"做数学"的过程，数学学习的热情被极大激发
思政教育 激发热情	1.播放曹原和青年科学家短片 2.本课小结	认真聆听、观看，了解他们的卓越贡献	激发学生对科学探索的欲望，从小立志，向这些年轻的科学家学习，民族复兴大任的信心和决心在每孩子的心中生根、发芽……
板书设计	略		

在课题组的指导下，营口理工学院附属小学李薇薇老师上了这一节数学课。她凭借广博的知识和深厚的教学功底，将一节数学课上成一次"探秘之旅"。在老师的指引下，孩子们一路仔细观察，探寻奥秘。整节课从数学讲到科学家，从观察到体验、探究，再到情感升华，立志报国之情由内而生。学生经历了一个纵向发展的过程，这个过程就是学生数学核心素养提升的集中体现，也就是我们德育的实现。

从上面的例子我们可以看出：一个知识点可以讲出很多事情，一项活动可以培养学生多种能力，一堂课可以创造许多精彩之处。我们用大教育观教知识、学知识、用知识，就可以全面提高学生的学科素养，培养出适应新时代要求的"现代人"。

第三，注重实践性。

以学生现实生活为基础，在活动中学习，在实践中运用。如学生运用数学的方法进行科学探索，遇到困难进行质疑，然后坚持下去，找到解决问题的方法，这就是在实践科学精神，这就是数学课强调的德育，是学生在数学课中应该养成的"德行"。

第四,突出主题性。

这个主题可以针对一种精神、一种学习方法、一种能力,可以关注一个人物,也可以是同一类教学素材,等等。总之,一节课可以有很多内涵,但必须有一条主线贯穿始终。这个主题从何而来? 如何选定? 课题组在研究过程中对1至6年级的12本统编语文教材进行了梳理,其中,22篇课文描写了四季之美,34篇课文展示了中华优秀传统文化,19篇课文表达了家国情怀,16篇课文属于革命传统教育,这些就是在语文教学中落实立德树人的主题。

以小学五年级语文实践活动课《中国月文化》为例:

【教学目标】

1.通过本次实践活动课的前期准备活动,让学生经历提出问题、分析问题、解决问题的过程,培养学生组织策划、实践操作的能力,促进学生实践能力的提升。

2.通过查找资料、准备汇报等活动,丰富学生的语言积累,锻炼学生的语言表达能力。

3.通过合作学习,让学生受到"中国月文化"的熏陶感染,提高学生思想道德修养和审美情趣。

【教学过程】

一、导 入

在中国漫长的历史中,有许多自然事物被我们的先辈赋予了意蕴,如:长河落日,大漠孤烟,寒江春雪,西风残月,后庭落花……但从没有一种自然物能像月亮一样带给我们民族那样多美好的寄托和无限的爱恋。今天,我们携手,一同走进中国的月文化。

二、交流汇报

你搜集了哪些关于月亮的字、词、句、传说、故事?在调查的过程中,月亮在你心中形成了什么样的形象?(学生课前准备了关于月亮的字词、传说、故事、美称、成语、民俗、地名以及关于月亮的杂谈……教师评价、补充。)

(选择有代表性的学生汇报展示。)

生：我知道农历就是指月历。

生：我知道月字是象形文字——象形文字是世界上最古老的文字。

师：象形文字是一种古老的文字，我国目前所使用的汉字有一部分就来源于象形文字。中国是世界上四大文明古国之一，其他几大文明古国在发展的过程中，文化传承中断而消亡了。中国是世界上仅存的文明古国。我们国家的文化是从几千年前传承下来的，当然也包括我们今天要研究的中国月文化。

生：我知道，《全唐诗》中，"月"字出现了1万多次。我查找了一下我们一年级到四年级现在的语文书中，与月有关的课文有11篇。

师：《全唐诗》中有这么多描写月亮的诗句，语文教科书中有这么多描写月亮的文章，这种搜集、归纳的学习方法，叫知识管理，它可以帮助我们形成属于自己的知识体系。请各组整理好汇报资料。

(一)月美好小组

生：我们是"月美好"小组。我们组研究认为，月亮是美好的象征，它本身就是美景，我们读几首诗，大家听听美不美。(学生用平板电脑向班级群发送表现美好意境的古诗图片。)

生：我还知道一句：月出皎兮，佼人僚兮。月亮是如此的明亮皎洁，让人看了不想回家。

师：这是两千多年前我国第一部诗歌总集《诗经》里的话，是古人第一次用月亮形容最美的女子，从此，月亮就成了美好的代名词了。

(学生汇报与"月"有关的地名，带月字的歌曲。)

(二)月团圆小组

生：我们是月团圆小组。我们组通过研究认为，在中国的文化当中,月圆象征着人圆。正月十五观灯赏月,八月十五登楼望月。(学生用平板电脑向班级群发送表现团圆意境的古诗图片和月亮图片。)

师:中国人过节就是要家人团聚。团圆,在中国人眼中意味着什么呢?老师这里也收到了一段视频,跟大家分享一下。(课件播放中国人期待过年回家的视频。)回家,是当门推开的那一刻,被妈妈抱在怀里;是内敛的爸爸,羞涩的表达;是妈妈,放下手中的一切陪你……打开门的一刹那,我才知道,原来我回家,会让你们开心到飞起。回家难得,难得到竟让他们怎么都不敢相信,甚至是呆住……是很想我的爸爸呆了好久好久,然后给了我大大的拥抱。多想,月圆人圆,陪在你们身边。每年,漂泊在外的游子,都要做一件相同的事——回家!旭日东升,照亮回家的路;大雁北归,陪着我们,一路征途。即使千山万水,寒风刺骨,也阻挡不了我们回家的渴望。孩子笑了,爸爸妈妈要回家;爸爸妈妈笑了,他们的孩子要回家!回家,团圆,团圆,回家!

生:所以我们小组认为,团圆才是中国月文化的核心。

(三)月思念小组

生:月团圆小组说得对。中国人不仅思念自己的祖国,也离不开生他养他的土地。我们小组找了很多描写游子思乡的诗。(学生用平板电脑向班级群发送表现思乡意境的古诗图片。)

师:自古以来,很多游子都借着这样的诗句表达自己的思乡之情。怎么能读出他们的情感呢?(引导学生读出古诗中的思乡情感。)

生:我还知道思乡的词。南唐后主李煜的《虞美人》,既写出思乡,又写出家乡月亮的美。春有百花秋有月,最美不过故乡景。可是,他回不去了,只能不堪回首月明中。

师:你说得好。此时,他的心情,用王安石的诗句来描绘,应该是:春风又绿江南岸,明月何时照我还?同学们,皓月当空,良辰美景,这一切固然美丽,但是如果不珍惜,不拼搏,就会变成镜花水月。大到一个国家,要自强不息,成为世界强国,才能保护好我们的土地;小到每一个人,不沉溺于浮云朝露,才能不虚度人生。作为学生,不能沉迷于游戏人生。希望同学们经过拼搏,成就自己的人生。

(四)月永恒小组

生:我们是月永恒小组。做人就应该像日月一样,不停地运转,完成伟大的事业。(学生用平板电脑向班级群发送表现永恒意境的古诗图片。)

生:张若虚说:"江畔何人初见月? 江月何年初照人? 人生代代无穷已,江月年年只相似。"这轮明月亘古如斯,相比之下,人生多么短暂,多么渺小。

师:可是人的事业能代代无穷已,像月亮一样永恒。为此,我们需要一代又一代人努力。

生:屈原《天问》中说:"夜光何德,死则又育?"好像是在问:月亮啊,你有什么品德啊,死了又生? 也是在说月亮长久。

师:新月如钩,圆月如轮,由缺到圆,再由圆到缺,消失,而又奇迹地再生,生生不息……中国人早就懂得月满则亏的道理。满招损,谦受益。你看我们中国人做事,即使取得了很好的成绩,也不会招摇,因为我们知道,最好的和最坏的是互相转化的。做人做事,只有谦虚谨慎,不懈努力,才能走向完美的人生。

(学生表演:月字成语串烧。)

师:各组汇报得相当精彩。请同学们把对中国月的理解写成一段话或者一首诗,我们一起读一读。

(学生现场写诗,汇报朗读。)

师:每个人心中都有一轮中国月亮,它是家庭美满的小愿望,是国泰民安的大力量。我相信,即使经历了悲欢离合,每一个中国人都有拨云见雾的勇气、明月入怀的包容。最后,让我们一起吟诵苏轼的《水调歌头(明月几时有)》来结束今天的课程。(课件略)

【课堂教学解析】

通过本次活动,锻炼学生的实践能力和语言表达能力,让学生深入理解中国月文化的博大精深,提高其思想道德修养和审美情趣。

【德育设计解析】

在中秋节前后,中国从古至今都有赏月、论月、谈人生的习俗。把这样一种人们的实际生活转化成实践活动课,是我们设计这次课的初衷。这个设计贴近我国的国情,贴近学生实际,突出学生主体地位,顺势而为地发展了学生的语文素养,传承了中华优秀传统文化,具有独创性,新颖独特。

中国的月文化本身深奥,大学也难讲明白,小学怎么讲?这节课的授课教师选取月美好、月团圆、月思念、月永恒四个维度,论述中国月文化。月团圆讲的是中国人的亲情文化,月思念讲的是爱家乡、爱祖国,月永恒讲的是"满招损,谦受益"。化难为简,让每个孩子都听得懂,学得明白,从小打下中国文化的底色。这个底色很重要:有了这个底色,就有了中国心;有了中国心,就能够做好中国的事,做好中国人。

这是课题组指导的营口市西市区韶山小学解恒老师的一节语文课,它的主题是根据学生的兴趣,对教材进行重组后确定的。在教师的引领下,学生引经据典,谈古论今,赏析中国诗词的同时,发展了语文素养,树立了文化自信。当然,我们的教学主题也可以与教材一致,还可以另外开发主题或内容。无论采用哪种方式,教师都要紧紧联系教材特点、学生的认知水平、教学需要,以及学科核心素养培养等教育目标。

学科育人的实施:

第一,建立学科序列性德育目标。

学科教学中隐含着很多德育因素,但是在教学过程中常常被教师忽略,主要原因是德育因素没有被充分地挖掘和提炼融入教学。本课题结合学科知识特点、小学德育目标和学生发展需求，组织教师挖掘、整理教材中的德育因素，并制定了学科德育的具体要求。

以北师大版小学数学教材二年级上册为例：

第一单元德育目标

教学内容	显性德育点	隐性德育点（数学思想）
1.谁的得分高（100以内数的连加运算，练一练第三页第四题）	在丰富的现实背景下，引导学生提取数学信息，寻找解决问题的策略，获得成就感，体会学习数学的愉快心情。让学生了解奥运健儿们为了能为国争光，不辞辛苦、夜以继日地锻炼，在奥运会上，他们不抛弃不放弃的精神是我们奋斗的根源	迁移的规律。这部分的内容是在学习了100以内数的加减运算的基础上进行教学的。三个数连加的笔算方法尽管在形式上有些变化，但它们的算理是相通的。这里可以充分利用迁移的规律，帮助学生体会100以内数的连加运算的计算道理
2.星星合唱队（100以内数的加减混合运算，练一练第七页第三题）	这道题的素材来自美术课上的手工制作，体现了数学与美术的有机整合。通过这样的素材，可以激发学生的学习兴趣，还可以向学生渗透"废物利用"的环保理念	分析与综合、变量和函数思想。结合生活经验，引导学生对运算结果做估计，对结果有初步的判断。在学会分析信息的基础上进行综合，做出合唱队人数变化趋势的判断，感受数量变化存在互相依存的关系，以此教师可以渗透变量和函数的思想，潜移默化地发展学生的数学素养

第二单元德育目标

教学内容	显性德育点	隐性德育点（数学思想）
1.买文具（认识小面额人民币）	从爱护人民币入手。具有爱国情怀的学生对人民币都很熟悉，课堂上，让学生们知道人民币是中华人民共和国的法定通用货币。要好好爱护。不捏成一团，不乱写乱画；不折成油板、飞机玩；见人民币破损了，要及时处理	分类思想：认识人民币时，按照材料分纸币和硬币；按照面值分为元、角等。抽象思想：创设"购物"这一生活情景，使学生知道生活中处处有数学，学习数学就是为生活服务。在这一购物情景中得出知识点：1元=10角

教学内容	显性德育点	隐性德育点(数学思想)
2.买衣服(认识大面额人民币)	爱国主义教育,教师可从教学生"认识人民币"入手,认识各面值人民币的图案和设计特点,通过图案的认识,进行热爱祖国山河、热爱人民、热爱领袖、热爱科学等方面的思想教育。还可以讲货币在促进经济发展、搞活经济流通方面的重大作用,讲讲我们的人民币在国际上日益上升的声誉,周边国家旅游不用兑换,人民币在一些国家已经流通,等等	归纳推理意识:学生知道得用人民币购物。由于商品的价格不一,人民币的面值不同,需要找钱,就得进行人民币兑换。这样,就运用了推理。如:1元=10角,顺理成章得到:50元有多少种换法? 5张10元,或2张20元和1张10元,或50张1元,有多种换法
3.小小商店(解决简单的购物问题)	讲讲人民币的防伪知识及识别假币的方法。这既可以扩大学生的知识面,又可以引起学生对人民币的重视和爱护	创新思想:怎么付钱?引导学生提出自己与众不同的想法。课堂上,一定要支持孩子们说出自己大胆的想法,培养其有条理地组织自己的语言的能力

第三单元德育目标

教学内容	显性德育点	隐性德育点(数学思想)
1.有多少块糖(相同连加的现实情境)	增强新时代少年的使命感及爱国情怀:计算几个相同加数的和是多少,可以用乘法。乘法,我们的祖先在两千多年前就在使用,是我国古人智慧的结晶,沿至而今。通过观察,激发学生的自豪感和爱国心	归纳推理意识:如第16页,摆一摆,数一数,让学生体会可以从小到大一个一个地数,两个两个地数,五个五个地数,或者十个十个地数,为第七章的分糖果做铺垫
2.儿童乐园(初步认识乘法意义)	培养孩子们团结合作的意识:画一画,说一说,算式4×3=12,用自己喜欢的方法,把这个算式表示的意义画出来。试试看,画完后,组内合作交流。学生尝试用语言描述,教师请各组选出有代表性的作业展示环节	推理思想:培养学生归纳总结和知识推理的能力,让学生学习观察、发现、归纳。如:用乘法来计算几个相同加数

续 表

教学内容	显性德育点	隐性德育点（数学思想）
3.有多少点子（乘法的直观模型）	让学生体会数学源于生活：像这样用乘法来计算几个相同加数和的例子，在生活中有很多	抽象思想：创设"乘法"这一生活情景，使学生知道生活中处处有数学，学习数学就是为生活服务，学好数学能享受生活的乐趣

第四单元德育目标

教学内容	显性德育点	隐性德育点（数学思想）
1.折一折，做一做（认识对称图形）	通过情境引入，渗透爱国教育和审美教育，激发学生学习兴趣，感受对称的美，学会欣赏数学美	模型思想：通过观看"神舟"飞入太空，通过飞船展开，在脑中模拟图形的变化过程，由抽象图形转为对称图形，感受飞船的对称原理
2.折一折，做一做（认识对称图形）	通过合作探究，动手操作发现对称的特征，渗透合作学习之美。从合作中感受别人的思维方法和过程，激发学生间思维的碰撞，在相互争论、补充、交流中得到恰当方法	创新意识：根据想象，折一折，剪一剪，自主探索图形的特点，并设计图案样式，制作小书签，培养了创新精神与探究精神
3.玩一玩，做一做（认识平移和旋转）	玩华容道和制作陀螺，学生通过动手操作，仔细观察后，发现平移、旋转的特征，从而培养学生感知事物的能力	归纳思想：从玩中获取关键信息，并把碎片信息进行加工整理，归纳总结出特征。师生互相补充，相互纠正，提高学生的归纳意识

第五单元德育目标

教学内容	显性德育点	隐性德育点（数学思想）
1.数松果（5 的乘法口诀）	爱国之心及民族自豪感的培养：乘法口诀起源于我国，是我们中国人智慧的结晶，我们的祖先早在两千多年前就在运算中进行使用，而且沿用至今，令外国人称赞。通过学习，激发学生民族自尊心和自豪感	归纳推理意识：培养学生归纳总结和知识迁移的能力，发展学生自主学习的能力。让学生通过观察、计算，归纳口诀

续　表

教学内容	显性德育点	隐性德育点(数学思想)
2.填一填(巩固2-5的乘法口诀)	培养学生积极乐观的学习态度:在数松果、做家务、课间活动、小熊请客等情境中让学生感受乘法并引导学生归纳乘法口诀,让学生感受到学习的乐趣。生活中数学无处不在,培养学生积极乐观的学习态度	数形结合思想:利用图形、数轴等帮助学生理解乘法的意义和口诀的推导,体会数形结合的方法
3.做家务(2的乘法口诀)	让学生从小养成劳动的习惯:通过教材案例,引导学生做一些简单的家务,日积月累地培养学生的责任与担当意识,长大成为对社会有用的人	函数思想:创设"做家务"这一生活情景,得到一列乘法算式,一个乘数不变,积随着另一个乘数的变化而变化,可渗透函数思想
4.算一算(巩固乘法口诀)	体会学习数学的快乐,培养学生乐学的精神	数学美思想:学生学习了乘法后,理解乘法是若干同数相加的简便算法,是特殊加法的进一步抽象和简化,从而体会数学的简洁美

第六单元德育目标

教学内容	显性德育点	隐性德育点(数学思想)
1米有多长("米"的认识)	"一米为三尺,一尺为十寸",是中国独有的测量方法,至今仍在使用。从测量的活动中获取数学信息、体会团队合作与交流的重要性、感受在测量时获得成功的体验。从学生学习中进行思政教育,激发学生的民族荣誉感	在学习活动中,学到假设、比较、类比、统计、变中不变等数学思想

第七单元德育目标

教学内容	显性德育点	隐性德育点(数学思想)
1.分物游戏(小数目物品平均分)	体会数学与生活的密切联系,感受同学之间友爱他人、团结协作的良好品质。	数形结合的思想:学生自己动手画一画,并展示书上的三幅图,全方位呈现平均分的过程,帮助学生建立简单的数形结合的思想

续　表

教学内容	显性德育点	隐性德育点（数学思想）
2. 小熊开店（用乘法口诀求商）	在引导学生购物的过程中，渗透节约教育，爱惜玩具。培养学生的节约意识	转化思想：利用乘除法之间密切的关系，学习利用乘法口诀求商
3. 快乐的动物（倍的认识）	通过观察动物的数量过程，提高学生的观察能力和动手能力，增强学生团队合作意识，培养学生对动物、对自然的喜爱之情，树立保护动物、保护人类生存环境的意识	抽象思想：知道生活处处有数学，学习数学就是为生活服务，学习好数学能给我们带来乐趣

第八单元德育目标

教学内容	显性德育点	隐性德育点（数学思想）
1. 有多少张贴画（6 的乘法口诀）	借助情境图信息，激发对运动会的兴趣，渗透热爱集体、团结互助、公平公正教育	数形结合的思想：教学时，借助点子图竖线，帮助学生直观理解乘法口诀的意义，把复杂的数学问题变得简明形象
2. 一共有多少天（7 的乘法口诀）	通过读一读、讲一讲《西游记》故事，进行爱国主义教育，渗透不怕困难、爱憎分明的思想	迁移的思想：教学时，以原有的知识经验为基础，主动构建知识，独立编制乘法口诀，体验成功的快乐，感受数学的魅力
3. 做个乘法表（探索乘法的规律）	结合乘法口诀的发明应用，进行爱国主义教育	类推的思想：结合已经学过的部分乘法口诀，以旧推新，抽象、概括出其他乘法口诀，感受乘法口诀的魅力

第九单元德育目标

教学内容	显性德育点	隐性德育点（数学思想）
1. 长颈鹿与小鸟（用乘法口诀试商）	本节课的情境是长颈鹿在为小鸟准备房子，这么和谐友好的情境，正适合教育学生要爱护鸟类、爱护动物。人与动物要友好，这样才能有和谐共生	函数思想：学生在交流完结果并说明自己的思考过程之后，教师可以引导学生进一步思考：从填好的表格数据中，你发现了什么呢？使学生感受数量之间对应的规律性，渗透函数思想

教学内容	显性德育点	隐性德育点(数学思想)
2.农家小院(乘除法综合应用)	爱国教育和节约意识:从情境图上了解农作物的种类,理解农民的辛苦劳作,我们不能浪费。同时感受奶奶家丰收的喜悦!农村城镇化改造,村民生活奔小康,这一切翻天覆地的变化,都是因为党和国家的政策好,带动农民奔向富裕的生活!进一步理解平均分的意义以及公平合理的意义	转换的思想:先让学生独立思考,把自己的想法在纸上写一写、画一画,学生可能想到教科书中列出的四种方法,交流时让学生说一说自己是怎么想的,通过交流,让学生体会同一个问题可以有不同的解决方法,从而渗透转换的数学思想

"数学好玩"德育目标

教学内容	显性德育点	隐性德育点(数学思想)
1.班级旧物市场(综合与实践)	从爱护人民币入手教育学生具有爱国情怀。不捏成团,不乱写乱画;见人民币破损了要及时处理 引导学生具有诚信的价值观。让学生通过有趣的旧物交换和买卖活动,能够正确付钱,找钱,讲究诚信 开展献爱心活动,培养学生热衷公益的良好品德 引导学生在数学实践活动中感受丰富多彩的数学活动,激发学生的数学兴趣	分类思想:认识人民币时,按照材料分为纸币和硬币,按照面值分为元、角等 代换思想:学生需要在交换情景中得出知识点:2本旧书的价格=1本新书的价格;1个书包的价格=5本书的价格;10元-9元5角=5角;等等 归纳推理意识:学生知道得用旧物交换物品或是交换人民币。由于商品的价格不一,人民币的面值不同,需要找钱,就得进行人民币兑换。这样,就运用了关系推理。如:1元=10角,那么,10元、20元、50元有多少种换法呢

教学内容	显性德育点	隐性德育点(数学思想)
2.寻找身体上的数学"秘密"	增强学生之间的合作与交流,同时适合开展数学与美术的学科融合	化规思想: 把有可能测量的物体或未能测量的物体,归结为一类问题,如"一拃""一步"就是旧知识的拓展和延伸

第二,选择有温度的德育素材。

设计的德育点要适合学生的年龄特点,要能触动学生、打动学生、感动学生,不能生搬硬套。必须要紧跟时代步伐,用教材,但不局限于教材,要活用实时媒体资源,让教学有时代气息,有情感温度。

如《神奇的莫比乌斯带》一课的导入环节,教师原本的设计是出示一段国家领导人关于科技兴国的话,但课题组认为学生理解这段话比较吃力,而且与这节课的教学内容不契合。相比之下,科学家是孩子比较熟悉的,所以建议选用几个像莫比乌斯这样用自己的名字命名研究成果的科学家进行导入。同样,课的尾声用曹原和几位青年科学家的事迹。为了让呈现方式既有感染力又尽量缩短时间,避免冲淡知识本位教学,课题组把他们的事迹做成了短片,采用的文字、音乐也是精心筛选,目的是让学生学习他们追求科学的精神,同时意识到:科学是无国界的,但科学家是有祖国的,生动地对学生进行立志报国、担当责任的教育。而实际的教学效果正如我们所设想,数学课可以上得既有深度又有温度。

把学科德育讲得"有温度",要构建有活力的课堂,让学生在多样的活动中发展道德认知,体验道德情感。想在浅显的知识学习中得到深刻的品德教育,我们需要把德育美化、活化、趣味化。只有将德育像层层撒盐一样融入教学环节,才能实现德育的目标,这样的德育才是有生命的。

第三,采用灵活的教学方式。

教师的教学方式与学生的学习方法是课堂教学中重要的组成部分。教师要根据教学、育人的需要,根据学生的认知特点、发展需求,设计灵活的教学方式,才能更好地达成教学目标。这是教师在备课时应该斟酌的问题。

再以《神奇的莫比乌斯带》为例,在这节课中,为了突破"莫比乌斯带为什么具有一个面、一条边的特点"这个难点,教师设计了两个环节:一是将制作莫比乌斯带的纸条设计成蓝白两个面,让学生感受蓝白面相接,就变成了一个面的神奇之处;二是请学生通过观察小蚂蚁在莫比乌斯带上奔跑的画面,感受莫比乌斯带"一个面、一条边"的特点。在这个过程中,教师还另有一层深意,就是让学生体会莫比乌斯带这种周而复始、循环往复、无限循环的特征。这种体会在课堂表现上可能只是清风拂面,但这恰恰是老师的有意设计。

在《神奇的莫比乌斯带》这节课中,学生经历了"积极提问—大胆猜想—动手验证"的学习过程。在进行验证的时候,教师引导他们用多种方法动手操作,除了可以用手指比划或用笔划线,还可以涂面、描边,甚至对莫比乌斯带进行剪切而与普通纸环进行对比。教师对学生学习方式的预设使学生成为学习的主动者,铺陈了实现育人的道路。

第四,选择有意趣的呈现方式。

多媒体技术教学以独特的形、声、景,化无声为有声,化静为动,使学生跨时空进入极具感染力的学习氛围。同时,借助多媒体电教手段,将思想性、知识性、艺术性融为一体,增强德育感染力。

教师可以将收集到的图片、视频等做成微课,配上音乐和解说词,让学生通过观看视频,感受知识的魅力,或者设计有趣的游戏,让学生体验学习的乐趣,激发学生对知识的探求意识,同时,引导学生追求精神世界的更高境界。

第五,学科育人的评价。

课题组关注学科德育的实效性,通过大量的实践研究,最终形成学科德育的评价原则,制定了学科德育的评价标准,以评价为导向,提高学科德育的实践效果。

学科德育的评价原则:①教学目标与德育目标结合;②隐性德育与显性德育结合;③学习表现与德育发展状态结合;④阶段性评价与过程性评价

结合。

学科德育的评价标准:

课题组对学科进行课堂教学观察、记录、统计,形成评价数据,得出评价结果。

营口市西市区学科德育课评价表

授课学科		授课人		学年			日期	
授课题目								
评价项目	评价内容				权重	分值	得分	项目得分
教学目标	1.教学目标具体、明确,具有可行性					5		
	2.确定重点、难点得当,解决过程能抓住关键				15	5		
	3.符合课程标准、教材内容和学生特点					5		
教学内容与过程	4.教学过程思路清晰,课堂结构严谨,教学密度合理。德育的融入自然贴切,符合教学规律					4		
	5.面向全体,体现差异,因材施教,全面提高学生素质					4		
	6.传授知识的量、知识训练的度适中,突出重点,抓住关键。以简驭繁,所教知识准确无误					5		
	7.师生共同创设学习环境,学生有讨论、质疑、探索、合作、交流的机会				25	4		
	8.在传授知识的同时,指导学生学习方法,注重培养学生的实践、创新能力					4		
	9.体现知识形成过程,结论由学生自悟与发现					4		
教学方法	10.精讲精练,体现思维训练为重点。德育的呈现立体化,生动形象,入情入理,符合学生认知规律					5		
	11.教学方法灵活多样,注重培养学生学会学习的能力				15	5		
	12.教学信息多向交流,反馈、矫正及时					5		
德育	13.教学民主,尊重学生,师生平等、和谐,课堂气氛融洽					3		
	14.注重培养和训练学生的动机、兴趣、习惯、信心等非智力因素				10	3		
	15.注重挖掘学科德育元素和体现学科特色,适时对学生进行德育					4		

教学素养	16.用规范语言教学,语言规范简洁、生动形象,具有感染力、说服力	20	4	
	17.教态自然、端庄大方,有亲和力与凝聚力		4	
	18.板书工整、美观,层次清楚、言简意赅,富有启迪性		4	
	19.能应用信息技术搜集和处理信息,充分利用校内外信息资源和多媒体技术辅助教学		4	
	20.应变和调控能力强		4	
教学效果	21.向40分钟要质量,达成教学目标,教学效果好	15	5	
	22.学生会学,学习主动、灵活,课堂气氛活跃		5	
	23.教学反馈及时、适度,学生负担合理		5	
教学特色	24.教学有个性,形成特色与风格	加分	5	
综合评价			总　分	

(2)以学科教学为载体,落实立德树人根本任务的教学设计方法研究。

我们通过实践研究意识到,每一个学科都是落实立德树人的阵地,但是落实的过程不能用力过猛、矫枉过正,要实现德育和智育、体育、美育的和谐统一。所以在设计教学的时候要注意两个方面:显性德育和隐性德育。显性德育指在学科教学过程中对学生进行爱国、勤学、节俭等思想、态度、习惯的道德教育。隐性德育是指从核心素养的角度出发,将学科核心素养融合在知识的学习中。我们的研究必须遵循学生的学习规律,选择恰当的方法,使学生获得良好的学科能力,同时获得核心素养的发展、精神品格的塑造。

本课题组通过研究实践,总结得出"坚持本位,多点融入"的学科德育教学设计方法。

"坚持本位"即坚持教学的学科性,"多点融入"即从内容、形式、维度、层次等角度灵活地进行德育融合。学科德育教学必须充分结合学科特点,遵循学生的学习规律,选择灵活的德育方法,对学生进行积极引导。"多点融入"的具体操作要掌握"魂、理、情、趣"四法:

"魂":铸魂,就是教学设计要做到明确主题、主线。教学设计要始终围绕主题展开,所有的活动都要聚焦主题。

"理":讲理,就是讲清知识点,讲出知识之间的内在逻辑,让学生感到清晰。讲理,要由浅到深,由现象到本质,讲出深度、厚度,让学生感到透亮。要多引导学生进行比较。

"情":用情,要真诚,切忌虚情,有真情才能打动人、感染人。要有明确的价值取向,对是非、善恶、美丑有正确的判断。

"趣":有趣,就要有"趣事"、说"趣话",这样的教学设计才会生动,有吸引力。教师最好在设计中用上身边事、身边人,善于讲家常话、平常话,这样道理才会鲜活起来,课堂才会灵动起来。

(3)推动学科德育进课堂的多样化教研活动研究。

我们通过实践研究认识到,在学科教学中落实立德树人根本任务是未来教育发展的着力点和生长点,而教师是这一过程的关键力量,所以教师素养的提升是基础和关键,更是保障和动力源。因此课题组以课堂研究为立足点,以提升教师素养为着力点,致力于研究适宜于教师发展的教研活动。

第一,"读—研—听—思"线上教研。

从共读教材、课程标准,到研磨教学设计、落实德育,再到倾听设计意图、教学实录,最后到反思教学效果、量化评价,研训员与教师始终保持线上的直接对话,我们鼓励教师积极交流,说出自己的教学经历、教学中故事,包括教学的困难,又是如何解决的,形成"教研对话文化",从而达到共享经验、共享智慧。

第二,"研究—实践—生成"双循环教研。

由研训员、教学主任、骨干教师形成教研团队研磨样板课为教师做范例。这种教研活动就是将集体智慧赋能于教师的蜕变成长,这种蜕变来自教师的超前学习、拓展学习,来自研训员、教学管理者、骨干教师形成的类似工作坊的团队研究,来自不同授课者的同课异构,来自教师和专家的头脑风暴……这其实已经不是简单的备课行为,而是一系列教研行为构成的一种教研方式:研究—实践—生成,研究—实践—生成,双循环,这是一个只有起点而没有终点的研究之旅,每个人都想把今天的优秀变成明天的标准,最终形成宝贵的教研成果。

下面是一位英语教师在做课后的教研活动中的发言：

试讲的时候，研训员给了我很多有价值的指导。比如，他们带着我再一次研读了《中小学德育工作指南》，里面关于外语课的育人内容就像是定海神针，让我一下子找到了英语课的德育核心内容是什么。之前，我是从来不会觉得《中小学德育工作指南》这样的文件和我的一节英语课有什么必然联系。可是，通过研训员的引领，我觉得自己有了容纳互通的理念，《中小学德育工作指南》《义务教育英语课程标准》这样纲领性的文件就是我们教学的依据，我们平时的业务学习，甚至是政治学习，对我们今天的教学都是有意义的。对于教师，今天的学习和以前是有区别的。要想上好课，我们不仅要学习学科相关知识，更要学习教育新理念，掌握学科教育新动态。这种学习不仅来源于书本知识，还来源于同伴和专家，而这种帮助是最直接、最有效的。

第一次试讲后，研训员帮助我找到了教学中拓宽学生国际视野的德育点，一下子打开了我的思路。我把教学中的校园规则拓展到国家规则、国际规则。当我站在讲台上看到孩子们闪亮的眼睛、同行们赞许的笑容，我突然感觉到我的这节课有了魔力。正是因为有了德育的融合，这节课有了灵魂，使英语课堂更加充盈。这时候，我是幸福的，这种辛苦之后的幸福，我格外珍贵。在这个过程中，我发现自己进步了，视野宽了，思维活了，解决问题的能力增强了。

第三，"教研部门—学校—教师"多方互动沙龙式教研。

根据不同学科、不同教师的特点，采用沙龙式教研，针对某一课教学，可以谈成败得失，可以谈教学困惑，可以谈建议设想。教师在对话中反思，拓展思路，获得成长。多方互换思想，凝聚共识，将个体经验转为集体经验，转成课程资源，引领学科发展、教育革新。

3.目标达成

（1）落实学科育人功能。

通过课题研究，我们找到了处理好学科知识教学与德育功能的关系的方法，变德育渗透为德育内生，变知识传授为知识生成，变共性培养为个性发展，从而让教学焕发出生命活力和无穷魅力，实现学科育人功能。

（2）转变教师教学价值观。

本课题的实施牵动了全区8所小学的大批教师参与。通过多角度、多层面的课题研究，教师群体引发新的思考，产生新的认识，最终建立新时代教学价值观：从学科教学走向学科育人。他们更加重视学生的思想品德教育、学科核心素养的培育，认识到学生只有树立正确的道德品质，才能有积极的追求和长久的成长，才能变"要我学"为"我要学""我会学"。教师的教学行为发生了较大转变，教师整体育人水平得到提升。

（3）全面提高区域小学德育工作水平。

通过课题研究，解决了传统德育僵化的问题，改变了教学、德育"两层皮"的现象，德育以灵动的方式融入课堂中，实现了校园处处是德育、人人在德育，课堂成为培养社会主义事业合格建设者和可靠接班人的主阵地。

四、研究方法和路线

（一）研究方法

1.行动研究法

在本课题的研究中，我们依据本区域资源条件及学生生活和学习条件，在实践中进行研究，通过"计划—行动—反思—修正"做到边实践、边研究、边总结、边反思、边整改、边提高，保证课题研究顺利进行。

2.案例研究法

在本课题的研究中，我们针对研究内容，努力捕捉在学科教学中落实立德树人根本任务的一些教学实例和精彩片段，进行深刻反思和感悟，从中提炼值得推广借鉴的经验。

3.经验总结法

在本课题的研究中,课题组成员对研究内容的落实进行认真的反思,总结教学中的成功之处与不足之处,追寻落实立德树人的良好策略。

(二)研究路线

作为区域性研究课题,在研究内容上采取逐点研究、各个击破的方法,在研究进程上采取三个层面整体推进的形式。

第一层面:收集资料掌握相关的理论,制定相应研究方案和具体的研究计划。

第二层面:开展研究并在实践过程中不断反思、修正、改进。

第三层面:对研究结果进行总结分析,在应用中评估效用。

五、研究结论和对策建议

(一)研究结论

1.开展有精神内核的学科教学

课题研究过程中我们参与、设计、评审上百节学科思政课,"有魂"是我们经常用来评价一节好课的词。无论什么学科,如果能够把德育融进教学,上出情感,上出精神,学生的学习状态就会完全不同,没有恹恹欲睡,只有熠熠生辉地求知。因此,我们把德育称为学科教学的精神内核。

2.学科德育要尊重知识本位

以学科教学为载体,落实立德树人根本任务的教学设计必须根据学科自身的特点,充分挖掘学科教学中所蕴含的显性德育因素、隐性德育因素,采用适当的策略与方法,构建出知识与道德、教学与教育、教书与育人统一的德育新课堂。

学科德育教学设计必须将德育的内容与学科教学的内容有机结合,既不能"蜻蜓点水"，又不能"用力过猛"，也就是说，学科德育不能失去"学科味儿"，要尊重知识本位。在落实教学目标、突破重难点的同时，像春风拂柳一样，顺势而为，实现立德树人的目标。

3.推动学科德育教师是关键

促进提升教师育人能力是落实立德树人根本任务的关键。作为研训部门和学校，一是要和教师一起做研究，帮助教师解决问题、困惑，让教师感到研究是有力量的，激发教师的工作热情；二是要通过建设学习共同体，促进教师专业发展，把想做事、能做事的人凝聚成团队，给他们平台，让他们发挥更大的作用；三是要通过营造"尊重、激励、支持、包容"的文化，让"教师站在中央"，这样教师才会让"学生站在中央"。

(二)对策建议

1.形成学科德育的目标体系

学生的道德养成不是短时间完成的，它是一个不断学习、内化、实践、形成的过程。挖掘、整理学科知识中的显性德育因素、隐形德育因素，制定本学科德育具体要求，深化各学科的教学和德育目标，努力创造最理想的状态，使学生在学科学习中受到道德的滋养。

2.深化学科德育的内容序列

以学科为主线开展德育内容研究，对学科教材中的德育内容进行梳理，纵横结合。就纵向而言，形成同一学科不同年级的学科德育内容序列，便于学科教师在集体智慧共享的同时，发挥个性化教学。就横向而言，将同一德育内容进行不同学科的链接，形成跨学科整合德育。

3.改革学科德育的教学评价

制定学科德育量化评价表，改革学科德育的评价方法，在评价过程中体现"四结合"：教学目标与德育目标结合；隐性德育与显性德育结合；学习表现与德育发展状态结合；阶段性评价与过程性评价结合。

主要参考文献:

[1]张蕊."立德树人"背景下小学学科德育研究[M].北京:北京大学出版社,2017.

[2]孙翠英."爱无痕"学科融合德育主题教育活动的实践探索[M].上海:上海社会科学院出版社,2019.

[3]窦桂梅.成志教育:清华大学附属小学立德树人实践研究[M].北京:教育科学出版社,2019.

[4]崔鹏.中小学学科德育研究和实践的途径探究[J].中国科技信息,2008(20):243,245.

[5]崔允漷,陈霜叶.三个维度看"立德树人"的本质内涵[N].光明日报,2017-05-09(13).

[6]冀晓萍.山东德育新政:让立德树人落地生根[J].人民教育,2016(2):49-51.

[7]周永海.小学数学教学中如何更巧妙地渗透德育[J].现代交际,2012(2):172,173.

[8]高双.小学数学教学中德育渗透的缺失与重构策略[J].现代教育科学(普教研究),2012(4):43-44.

[9]朱青.小学语文教学中德育渗透的途径与方法[D].上海师范大学硕士学位论文,2011.

实施自主教育　提升学生素养
——营口市西市区深化课程改革的思考与实践

伴随着国家课程改革的脚步,在经历更新教育理念,完善课程设置的过程后,我们开始审视继续深化课改的重点:变革学习结构与方式,提升学生核心素养。经过多次学习、调研,我们构建了西市区"实施自主教育,提升学生核心素养"的基本框架,迈开了践行的脚步。

一、实施自主教育的基本思路

(一)坚持一个主题

以实施自主教育为主题,提升学生核心素养。

(二)实施四个领域

1.自主学习
以培养学生自学能力,养成自学习惯为主要目标和特征,开展优化教学结构,创新教学方法的教学实践活动。

2.自主育德
以我区传统养成教育为基础,重点开展中华优秀传统文化传承与实践活动。

3.自主健体

以落实国家体育艺术"2＋1"活动为依据,引领学生积极参与集体运动,学会两种以上个体运动项目,并持之以恒。

4.自主审美

以培养学生欣赏美、表现美、创造美的兴趣和能力为目标,在各科教学和学校活动中,努力做到三点:

一是恰当结合生活,提供自主审美空间;

二是优化活动状态,创设自主审美情境;

三是准确感悟文本和场景,提升审美感知。

(三)用好四个平台

1.校本研修平台

形成制度规范,形成专题系列,形式灵活实效。

2.教育科研平台

立项要切合区域教育主题;研究过程要实效于师生自主能力增长和学校发展;结题评审要有可推广的成果。

3.学校特色建设平台

在学校已有特色基础上,围绕自主教育完善和设计校本课程以及品牌活动,并制度化、系列化开展。

4.新媒体技术应用平台

运用其直观、共享、迅捷、普及、高效等特点,不断创新工作思路与方法。

二、实施自主教育的主要做法

(一)以课堂教学为主阵地,探索自主学习的教学模式

1.优化课堂教学结构,为课堂教学找方向

首先是定调子。我们理解的以自主学习养成为重点的优秀课堂,是以学

生为中心、以学习为主线、以学情和学习目标为依据的课堂，是以主动、高效、丰富、快乐、道德等为基本特征的课堂。它要达到三个基本要求：①由"以教代学"到"以学定教"的教师角色转变；②给课堂带入学习资源，为学生学习提供选择；③组织持续的学习行为。

其次是建模型。给课堂建模是个颇具争议的说法，因为如果不灵活掌握要义地去执行，就会流于形式而僵化。我们集中区域教研力量，由各科研训员牵头引领，拿出各科的教学模型，目标是让教师上好底线课，实现课堂变革的整体推进。之后再不断内化要义，活用方法，逐步化去模式外形，实现课堂教学突破。目前，各科正在有序研究，首批自主教育案例集锦和学科课堂教学模型正在整理提炼中。

最后是做突破。为了尽可能把学校内繁杂的各类主题教育活动整合起来，变多头教育为综合教育，变单项能力为综合素养，我们把目光看向学科活动课。目前省内外没有开展学科活动课相对成熟的经验。我们的想法是要通过学科活动课分两个层次进行主题课程整合，即学科内主题课程整合和多学科主题课程整合。同时逐步规范教材、记录、考核，并与学校特色发展相结合。目前我们已经以语文、数学学科为代表，开始了研讨观摩活动，其他学科同步进行着思考和实践。

2.融合信息技术，为高效课堂找方法

当前能够对教学的方式方法变革产生决定性影响的就是信息技术手段的运用。我们借力"一师一优课，一课一名师"活动，大规模开展"信息技术与学科教学有效融合"主题研训活动。

一是"磨课"。成立区校两级磨课小组，先指定一位骨干教师独立备课后提交教学设计，作为小组磨课对话的载体，预设出教学问题和解决措施以及可能引发的学生学习活动；接着磨课小组围绕预设，进行点评和研讨，整理后反馈给上课教师参考修改；然后小组成员确定观察点后，进入上课听课评议环节；最后上课老师写出实践反思后的教案，小组完成自评和互评。这是一轮磨课的步骤，实际上很多课都达到三轮或四轮。

二是引导教师自觉应用信息技术和数字资源。包括应用信息技术和数字资源创设情境,让学生身临其境,感受新事物、新问题,把原来枯燥严谨的课堂变得生动有趣,激发学生学习兴趣。应用信息技术和数字资源,将各种教学资源、各个教学要素和教学环节,经过组合、重构,形成知识的网络,使学生达到融会贯通,提高课堂教学效率。应用信息技术和数字资源,让学生闻其声、见其形、入其境,更快、更准、更深地把握教学的重点和难点,加快了学生理解的进程。

(二)将"传统"与"时代"结合,为自主育德打根基

学校德育建设既要传承优良传统,又要弘扬时代精神,反映时代特点,两条主线共同推进,使学校德育始终充满生机与活力,不断增强青少年民族认同感和民族自信心,为自主育德打下良好根基。基于这种认识,我们制定了"中华优秀传统文化教育"实施方案。

其基本构想是:以"浸润传统文化 培育中国少年"为主题,以"幼儿养性,童蒙养正,少年养志,成人养德"为依据,以人文教育为手段,以养成教育为途径,以德育活动为载体,从中华优秀传统文化中挖掘德育功能,引导学生自主育德,提升学生的民族素养,逐步形成"明理厚德"的德育体系。

三年来,我们举办了"西市区小学生汉字听写大赛"和"西市区小学生古诗文大赛"。陆续部署指导各学校开展了"优秀传统文化经典阅读""学科教学渗透文化经典"等系列活动。以传承中华优秀传统文化为核心的自主育德局面逐步打开。先后开展了以"童心向祖国 共筑中国梦"为主题的系列德育活动、学科德育渗透的教研活动、新时期德育工作校长论坛……为新时期德育工作的开展拓宽了视野、积累了经验,取得了良好的效果。

(三)推动特色体育项目,为自主健体拓展空间

健康是生命的第一主题,自主健体受益一生。以落实国家体育艺术"2+1"活动为依据,我们设计开展了特色体育项目推进活动:一是区域开展校园足球,形成共有的集体项目特长;二是指导各校丰富和拓展篮球、乒乓球、跳绳、田径等传统特色体育项目,形成个体特长。

通过"一师一优课，一课一名师"和教学培训观摩进行研究引领，定期进行大课间展示，学生体育特长比赛等活动督促推进，使每个学生学会两种以上运动项目，并持之以恒。2019年省小学体育工作现场会在我区召开，我们的经验获得推广。

(四)挖掘校园美育内涵，为自主审美丰富体验

第一，打造艺术活动品牌。每年都举办"阳光下成长"小学生艺术展演活动。通过声乐、器乐、舞蹈、戏剧、曲艺、朗诵、书法、绘画等比赛，极大丰富了校园文化艺术活动，实现了"校校有活动、人人都参与"的良好氛围。

第二，大力开展"班班有歌声"活动。为学生们每天的学习生活增添了亮丽的色彩。

第三，推广普及校园集体舞。各学校都能做到领导重视，教师指导精准、细致，学生精神风貌良好。

第四，开展校园艺术活动。合唱队、舞蹈队、书法组、绘画组、摄影组、器乐队、拉丁舞队、古诗词特色活动等一系列校园文化艺术活动，提升了校园文化艺术氛围。

课程改革需要全体教育者的凝心聚力。只要我们葆有希望，践行不止，就一定会不断创新，步入辉煌。

追求高效课堂　落实核心素养

　　课改的核心是改善学习,课堂教学是教育教学的主战场。变革课堂教学,不断优化课堂上学生的学习结构,创新方式方法,使之更有利于学生核心素养的提升,是推进和深化课改的中心工作,也是教研部门的责任担当。

　　基于这种认识,近两年我们围绕变革课堂教学做了以下几个方面的工作:

一、学习核心素养,为优秀课堂定标准

　　2016年9月13日,北师大举行了中国学生发展核心素养研究成果发布会,提出:中国学生发展核心素养,以科学性、时代性和民族性为基本原则,以培养"全面发展的人"为核心,分为文化基础、自主发展、社会参与三个方面。这些核心素养,都是学生应具备的,能够适应终身发展和社会发展需要的必备品格和关键能力,为今后的课程、教学、评价、教研、管理提供了清晰的目标和丰富的内涵,践行学生发展核心素养就是落实立德树人的根本任务。

　　在执行2017年教师培训任务时,我们通过分层次、分批次、分学段、分学科等多种方式,组织全区教育系统教师重点学习了《中国学生发展核心素养》,并通过组织教育沙龙、素养论坛等形式,让大家在交流中、在思维的碰撞中,逐步明晰和找到与我们的教育学段相关联的内容论断,并围绕如何落实进行讨论,形成三项共识:

一是通过落实核心素养指导和推进课程改革。将发展学生的核心素养作为课程设计的依据和出发点，明确育人目标和任务，加强各学段、各学科课程的纵向衔接与横向配合。

二是通过落实核心素养指导教学实践。引领教师改变当前存在的"学科本位"和"知识本位"现象，要为学生的未来而教，要让学生明确未来的发展方向，并朝着这一目标不断努力。

三是通过落实核心素养指导教育评价。建立基于核心素养的学业质量标准，把学习的内容要求和质量要求结合起来。

二、优化教学结构，为优秀课堂建模型

首先是定调子。我区未来几年的教育主题是实施自主教育。我们理解的以自主学习养成为重点的优秀课堂，是以学生为中心、以学习为主线、以学情和学习目标为依据的课堂，是以主动、高效、丰富、快乐、道德等为基本特征的课堂。它要达到三个基本要求：①由"以教代学"到"以学定教"的教师角色转变；②给课堂带入学习资源，为学生学习提供选择；③组织持续的学习行为。

其次是建模型。给课堂建模是颇具争议的说法。因为建立了模式如果不灵活掌握要义地去执行就会流于形式和僵化。我们提出建立的教学模型相当于基础教案，每个人拿起来就能用。集中区域教研力量，由各科研训员牵头引领，拿出各科的教学模型，有利于全体教师都能上好底线课，做好底线培养，实现课堂变革的整体推进。然后我们在此基础上，再不断内化要义，活用方法，逐步突破模式，实现课堂教学突破。目前，各科正在有序研究，首批自主教育案例集锦和学科课堂教学模型正在整理提炼中，模型包括三个部分：教学结构提炼、操作要点分析以及应用案例。

最后是做突破。为了尽可能把学校内繁杂的各类主题教育活动整合起来，变多头教育为综合教育，变单项能力为综合素养，我们把目光看向学科活动课。它是课标中的一个版块，约占各科课程课时的百分之十，综合性强，跨

度大,内容整合难。我们的想法是通过学科活动课分两个层次进行主题课程整合,即学科内主题课程整合和多学科主题课程整合。同时逐步规范教材、记录、考核,并与学校特色发展相结合。目前我们已经以语文学科为代表,开始了研讨观摩活动,其他学科同步进行着思考和实践。

三、融合信息技术,为优秀课堂找方法

我们认为,当前能够对教学的方式方法变革产生决定性影响的就是信息技术手段的运用。大规模开展"信息技术与学科教学有效融合"主题研训活动,有利于推动信息技术和数字教育资源在课堂教学中的合理有效应用和深度融合,进而打造相对高效的课堂教学。

(一)磨 课

我们以学科专兼职研训员为核心,区、校两级成立磨课小组,选取学科典型课例进行研磨。

基本做法:首先,指定一位上课的骨干教师独立备课后提交教学设计,作为小组磨课对话的载体,预设出教学问题和解决措施以及可能引发的学生学习活动。磨课小组围绕预设,进行点评和研讨,整理后反馈给上课教师参考修改。然后,小组成员确定观察点分工等任务后,进入上课听课环节。课后将预设与上课中的生成进行比较分析,围绕实际效果得失进行评议。最后,上课老师写出实践反思后的教案,小组完成自评和互评。这是一轮磨课的步骤,实际上很多课都达到三轮或四轮。

基本内容:一是教学目标要符合课标要求,考虑了学生的认知水平,便于检测。二是情境创设要有认知冲突,要新颖、独特。三是师生对话要预约精彩,把握生成,力求语言简洁、生动、到位。四是教学方法要有利于调动学生学习积极性,有利于学生知识的掌握和能力的发展,有利于提高课堂教学效率。

（二）引导教师应用信息技术和数字资源

1.应用信息技术和数字资源创设情境，激发学生的学习兴趣

多媒体技术教学能以其独特的形、声、景扣动学生的心弦，化无声为有声，化静为动，可以使学生跨时空地进入一种极具感染力的学习氛围。

2.应用信息技术和数字资源丰富教学内容，提高课堂教学效率

通过信息技术能够将各种教学资源、各个教学要素和教学环节，经过组合、重构，形成知识的网络，使学生真正达到融会贯通，学以致用。网络平台上丰富的教育资源，可以将学科小课堂同社会大课堂结合起来，拓宽学生的视野和见识。

3.应用信息技术和数字资源，突破教学的重点和难点，发展学生思维

教师们利用信息技术具有多种感官同步进行的直观效果，向学生展示教学情境，提供丰富的感知，使学生闻其声、见其形、入其境、思其本，更快、更准、更深地把握教学的重点和难点，形象直观，加快了学生理解的进程。

此外，借助多媒体电教手段，还能将思想性、知识性、艺术性融为一体，是增强思政教育感染力的重要手段。

回看一节节优秀课，因为有了对《中国学生发展核心素养》的学习，我们为教学找到了落脚点；因为有了对学习过程的理解，我们为教学找到了结构支撑；因为有了信息技术和数字资源的融合，我们为教学找到了方法创新。起步虽稚嫩粗糙，但展现了我们在课堂教学中"实施有效，追求高效"的探索足迹。我们会继续探索。

区域推进作业改革 促进学生全面发展

一、提高认识、科学部署、加强管理

"十三五"初期,我区就已经开始尝试对学生作业进行改革。当时的作业改革,由于缺少具体教育政策的支持,再加上受到社会大环境的影响,实验浅尝辄止。我们虽然积累了一些经验,但改革的成果没有得到巩固。2020年,国务院、辽宁省教育厅先后印发了《深化新时代教育评价改革总体方案》和《辽宁省义务教育阶段学生作业管理"十要求"》,两项文件的出台为我们推进区域整体作业改革工作指出了明确的方向,提振了我们实施改革的信心。近年来,"教育内卷""全民焦虑"现象受到关注,"传统作业"在增加学生课业负担、限制学生发展、影响身心健康等方面的弊端凸显,我们深刻感受到当前加强学生作业管理对促进学生健康发展和义务教育高质量发展的重要意义。

对照评价改革"总方案"和作业管理"十要求",我们梳理以往的经验,明确了新时期作业改革的总体思路:三层(区、校、家)联动推进;区域五项特色活动牵动;学校"五育"作业落实。

我们根据上级文件要求,结合本区实际,制定了《西市区小学生作业管理方案》《西市区小学生作业管理实施细则》。采取"三会、二签、二调、三跟"的管理措施促进方案和细则的落实。

"三会":局、校领导培训会,教师培训会,线上家长知晓会。

"二签":校领导签责任状,教师签订责任状。

"二调":区领导小组下校调研,校班子成员对分管学年进行调研。

"三跟":各层级管理做到跟踪问题到位、跟踪落实到位、跟踪整改到位。

就这样,管理上我们多措并举,层层压实责任,作业管理初见成效:研训部门指导学校开展精准作业、分层作业、实践作业的研究,为学科作业改革扎实基础;各校因地制宜形成了可行的实施方案和工作策略;教师作业管理从自查、自控逐步走向自觉——有效地控制了作业量、实现零起点教学、杜绝家长代批作业等违规行为;管理中我们借鉴养成教育经验,多部门联手督导,"反复抓、抓反复",常抓不懈,逐步规范了教师的教学行为,使"十要求"落到实处。

二、夯实基础、特色引路、二次开发

(一)区域活动初衷

近年来,我们以培育核心素养为目标,致力于区域主题研究。我们的初衷是:丰富学生的校园生活,引领学校探索多元评价的新路径。我们的特色活动是:思政点研究、学科实践活动课研究、学生古诗词大赛、劳动技能大赛、读书活动。

(二)区域特色活动牵动作业改革

1.思政点研究

课程思政是落实立德树人任务之根本,是促进学生成才、成人的基石。2019年起,我们开始进行学科思政研究,与原有的校园德育活动结合后,德育课程有了新的内涵。随着研究的深入,学科教师课程思政的意识与自觉性增强了,育人观念发生了转变。当我们在立德树人的视域下认真思考作业的育人功能,我们又有了新的行动。

2.学科实践活动课研究

以数学、语文为引领,开展学科实践活动课研究。学生在主题实践活动中,要经历调查、访问、测量、编辑、报告、绘画、幻灯片制作等一系列丰富的体验,这些活动是学生在教师指导下自主设计的富有挑战性的作业,它们促进了学生多种能力的提升。

3.古诗词大赛

我们已经坚持举办了三届,每届都设有班、校、区三级竞赛。为了参加比赛,孩子们自主背诵古诗、收看央视古诗大赛、课余时间挑战玩"飞花令"……古诗词背诵积累不再枯燥。如今区古诗词大赛成为当地教育的文化名片,是孩子们热切盼望的盛会。通过赛会,学生以诗会友、涵养品性、传承文化。

4.劳动技能大赛

我们积极贯彻落实国家、省关于劳动教育的意见和纲要。在全区学生中开展了"我有一双小巧手"劳动实践教育系列活动,组织了区级技能大赛。赛前认真练习,赛场大显身手,孩子们的劳动热情高涨,劳动技能显著提高,"自己的事情自己做","家务劳动快乐做","学校劳动一起做",树立了劳动意识。

5.读书活动

区域层面,组织语文骨干教师录制好书推荐视频,学校开展主题读书交流活动,交流活动中学生或诵读、或表演、或赏析、或观看影视作品,总之阅读作业不再是单一的读书笔记。即使是读书笔记,学生在教师的指导下也学会了多样的方式,如随文批注、思维导图、人物关系图谱、续写等。

区域特色活动搭建展示的平台。它给每个学生出彩的机会,吸引学生参与,获得家长赞誉,引领学校办学特色的发展,促进教师正确人才观的建立。几年来,特色活动风逐步发展为稳定的区域课程体系。我们不难发现,在它的牵动下,作业改革已经发生。

近年来,"五育并举"(要培养德、智、体、美、劳全面发展的社会主义建设者和接班人),在教育界乃至全社会多次引发热议。其实,我们前期的区域特色活动,正好契合了"五育并举"的教育理念,"五育并举"为我们指明了前进的方向,我们开始酝酿一场新的作业改革实践。

三、"五育"家庭实践作业

1."五育"家庭实践作业产生的缘由

疫情期间,我们收到许多家长的反馈,学生居家学习的管理成为家庭教育的难题。为了解决这个问题,学校指导教师为学生布置丰富多样的居家活动,帮助家长安排好学生的居家学习与活动,提高家庭教育效能。在教师的设计与指导下,读书、健身、才艺展示、班会等纷纷上线,教师和家长携手管理,取得了良好的效果。这为我们进一步推进区域作业改革提供了新的发展思路。"居家作业"成为构架"五育"家庭实践作业的雏形。

2."五育"家庭实践作业内容框架

返校复课后,我们立即开展新型家庭作业研究。因为有了前期的操作经验,我们很快研究制定了《西市区"五育"家庭实践作业方案》。这个方案被市教育局作为营口地区的总方案进行推广。

我们的工作目标是:为学生全面发展夯实基础;学生在实践中提升自主教育能力;在家校共育中提高家庭教育质量。

方案秉持"六心"原则:一是基于童心;二是克服随心;三是设计用心;四是做得开心;五是家校齐心;六是变得有心。

以"五育"版块呈现作业内容:

德——时政教育;

智——学科实践活动、读书活动;

体——跑、跳、投,操、武、球;

美——艺术欣赏、体验、实践;

劳——自理能力、家政项目、社会服务。

五项内容指向学生的全面发展,即"良好的品德""有效的学习""健康的身体""艺术的熏陶""生活的技能"。

我们的评价方法是:一是过程评价,设计评价手册或学生自主设计评价表;二是展示评价,举行成果展示交流活动,与校园活动相结合,搭建学生展示平台。

3."五育"家庭作业的完成情况及社会效应

我们的方案一出台,就得到了学校的积极响应。在学校的建议下,我们又编写了《五育作业(低、中、高)指导手册》,指导学校结合本校实际,设计自己的作业改革方案,落实"五育"作业。我们先后组织了校、区两级五育作业实践展示和表彰活动。各校结合自身办学特色,总结经验,打造亮点,展示"五育"作业成果,活动现场精彩纷呈,"五育"作业展示活动成为又一个特色活动。活动后,我们收到来自各方面的反馈:

学生说:"这样的作业我爱做。"

家长说:"这样的辅导我能行。"

教师说:"这样的工作有成效。"

在区、校、家三层协同联动的作用下,"五育"家庭作业做得细、落得实、铺得开、受益广,使作业改革、评价改革迈上了新台阶。

四、各学校作业改革亮点

区域联动与学校推进相结合的策略,既体现为"强力推进",又表现为"尊重差异"。我们关注学校研究的基础、能力、旨趣和期望,给学校作业改革留下足够的选择空间与创新空间,各校作业研究成果富有特色。下面概述各学校亮点工作。

(一)各校作业管理有新招

1.启文小学

作业管理做好"三个一",即"一减""一增""一落"。

"一减":必做作业总量减下去;

"一增":劳动、实践、阅读等提升学生高阶思维的作业增上去;

"一落":让以文化人落到实处。

2. 韶山小学

推进"一二三四五"评价管理模式。

其中，"一"是增加一项午休作业，师生中午小睡一小时，各项活动都为睡觉让路，关注学生身体健康，收到家长认可。

3. 区实验小学

作业独立完成与小组合作相结合。

基础巩固性作业要求学生独立完成，但对于实践性、探究性作业倡导小组合作，提高学生合作意识，让学生学会博采他人之长、补己之短，增强了学生自我发展、自我提高的能力。

4. 回民小学

重视减轻作业负担。

设计"读书卡"和"劳动卡"，引导学生积极参与读书和劳动，但是减少了学生记录的量，深受学生喜爱。

（二）作业设计的开发与探索

1. 市实验小学

设计主题式作业。

市实验小学把"写字特色"与作业改革结合起来，基于《一字一品》校本教材，设计主题式作业，把"写字特色"课程推进到新的阶段。

2. 英华小学

设计分层作业。

结合区域生源特点，确定"差异研究"这一课题。教师结合教学内容和班级学生情况，设计分层作业，让不同的学生可以根据自己的能力、兴趣、需要，在作业的数量与深度上有自己的选择，取得好的教学效果。

3. 理工附小

设计作业本。

开展丰富多彩的作业本设计和展示活动，让作业本上的元素更多地带有孩子个性化的印记与色彩。作业本文化帮助孩子建立起对作业本的价值认同,培养责任意识和情感意识,激发并保持学习的兴趣。

4.创新小学

设计德育作业。

创新小学结合《礼德故事读本》,形成以丰富学生体验为主线的作业模式:"读书上的故事—讲别人的故事—写自己的故事"。发挥作业的育人功能,提高学生自主育德的能力。

总之,显性的研究成果,隐性的管理措施,与办学特色、学科教学相融合的实施策略,我们都给予关注,并打造经验交流和成果展示的平台,促进区域作业改革高质量推进。

学习活动,至少在小学阶段,是需要有作业的。现在的作业,大多是统一的,这不利于学生个性化的发展。我们畅想未来的作业,一定是依托信息化技术,通过作业库平台、大数据分析、智能出题批改等,更精准、更有效、更有针对性地实施作业活动。通过对学生学习活动的数据采集,利用大数据,分析出学生对知识的掌握情况,找出问题所在,系统自动匹配阶梯式习题,并对学生完成情况进行批改。这些作业活动乃至整个学习活动,都会在个人学习空间里留存,会形成学生的学习发展轨迹。将来,学生走上社会后,完全有可能根据这个轨迹,选择自己人生发展的方向。

(系营口市作业改革工作现场会交流材料)

依托学科教学 落实"立德树人"根本任务

一、落实"立德树人"根本任务的必要性

(一)"立德树人"是国家发展的战略要求

"育人为本、德育为先",是我国实施素质教育的主导思想。

党的十八大报告首次把"立德树人"写进教育方针,提出把"立德树人"作为教育的根本任务。

党的十九大报告更是指出,要全面贯彻党的教育方针,落实"立德树人"根本任务,发展素质教育,推进教育公平,培养德智体美全面发展的社会主义建设者和接班人。

所以说,"立德树人"是发展中国特色社会主义教育事业的核心所在,是党交给我们教育工作者重大的历史命题。

(二)"立德树人"是新时代个体成长的发展需求

由于新媒体导向的误区,投票花钱刷礼物评选"好孩子",渐渐成为朋友圈的重要内容;疯狂的粉丝追星,折射出部分青少年在接受教育中缺失了正确的榜样;还有那些令人愤怒而痛心的校园欺凌与未成年犯罪。透过这些社会现象,我们清晰地看到,青少年成长中存在一些问题,我们深切地感受到

"立德树人"工作的必要性、重要性、以及紧迫性。

二、区域德育工作的研究历程

早在2016年,我们就开始了探索之路。当时,辽宁省教育厅印发了《辽宁省全面深化义务教育课程改革的指导意见》。根据文件精神,我们开始筹谋新一阶段深化课程改革方案。通过专家解读、基层调研,我们构建了"实施自主教育"的基本框架,简单概括就是:"坚持一个主题","实施四个领域","用好四个平台"。"德育"研究就是其中的一个重要领域,它是以人文教育为手段,挖掘中华优秀传统文化中的德育功能,引导学生自主育德。

之后,我们始终没有放松思考,我们继续在探索,先后组织、参与三场关于德育方面的校长论坛:

一是参与"学校德育管理工作"区域联合校长论坛。校长们围绕校园德育活动、德育课程开发、家长学校建设等方面,畅谈自己对"全员育人、全程育人、全方位育人"的理解以及在实践中取得的成果。

二是参与"教师育人能力的研究"营口市校长联合论坛。大家就"学生德育现状、教师德育能力现状、如何提升教师育人能力"做了较为深入的讨论,认识到"立德树人","教师"是关键。

三是主场"在课堂教学中落实立德树人根本任务"营口地区校长论坛。小学段由我们承办。本次论坛中,我们展示了一节思政课,五节涉及语文、数学、英语等多个学科的学科德育渗透课,三个区的校长代表做了发言。这几节课,是我们的教师经过深思熟虑后而设计的教学案例,是一个个教师团队几经研磨而呈现出来的课堂教学。通过活动,我们更加明确:落实"立德树人",课堂教学是主阵地,教师执教能力是关键。

三场论坛的背后,是我们对"立德树人"理论的深入学习,是我们以问题为导向开展专项行动研究的实践探索,是我们教育工作者对新时代使命的担当与执着。

三、落实"立德树人"根本任务的实践研究

（一）学科教学——"立德树人"的根本途径

以往我们的德育关注的多是专题德育活动和思政课这一门学科，其他学科的德育渗透是蜻蜓点水，甚至直接忽略，所以今天我们提出了全学科德育，就是要凸显学科课程本来就有的"德育"功能，在学科课程中实现德育"全覆盖"。那么，如何以学科教学为切入点，落实"立德树人"根本任务呢？

1.挖掘学科思政教育点，实现"思政点"最大化

对于小学来说，思政课堂无处不在，并不限于某一学科。作为教育工作者，必须要做到眼中、心中有学生，珍惜不可复制的每一节课堂教学、每一次实践活动，回归教育初心。

思政课的知识本位就是思政内容，作为思政教师，要充分利用各类媒体平台上丰富的教育资源，给我们的孩子讲好中国故事。如教学《新中国的生日》一课，在理解国旗是国家的象征和标志时，可播放电影《战狼2》中的片段，或出示撤侨事件中孩子的照片或战争中孩子的照片。利用现代信息技术，将真实事件重现，有利于让爱国主义教育照进生活，让爱国情感在学生心里破土拔节。

作为语文老师，在传授语文知识的同时，要向学生传达知识背后的文化内涵和思辨性的语文气息，我们要进行有文化的语文教育。如教学《我站在祖国地图前》，这篇课文虽然内容浅显，但内涵丰富。如何将课文中描写的山水可视化？我们可通过播放一段从高空俯瞰祖国大地的视频，让学生在"看山游水"中实现知识教学与文化教育的无痕融合。

运用科学的方法进行科学探索，遇到困难进行质疑，找到解决问题的方法，践行科学精神，这些都是学生在数学课应该养成的"德行"。如教学《神奇的莫比乌斯带》，我们可以用多媒体呈现几个像莫比乌斯这样用自己的名字命名研究成果的科学家，进行导入。课的尾声可用视频呈现曹原和几位青年

科学家的事迹短片,让学生学习他们追求科学的精神,同时意识到科学是无国界的,但科学家是有祖国的,生动地对学生进行立志报国、责任担当的教育。

体育最大的魅力就是规则,在规则允许的条件下努力地赢,有尊严地输。体育最好的思政点就是奋斗,百折不挠,不断挑战。女排夺冠视频,郎平说:"只要穿上中国的球衣,就是代表祖国出征,我们的目标就是升国旗,奏国歌。"给全国人民上了最好的一节思政课。

思政教育除了体现本学科独有的思政教育点外,要突出爱国主义教育,因为爱国主义是中华民族的民族心、民族魂。各个学科都在讲爱国,就是要将"家国情怀,责任担当"的概念早早地植入孩子的心中,这样我们的民族才更有希望。

2.尊重知识本位,润物无声地将"思政点"融入教学活动

"学习强国"平台上有一篇文章这样阐释:学科思政课教学,要与学科教学内容有机结合,既不能"蜻蜓点水",又不能"用力过猛"。也就是说,学科思政教育,不能失去"学科味儿",要尊重知识本位,在落实教学目标、突破重难点的同时,像春风拂柳一样,顺势而为,实现立德树人的目标。如何让我们的学科思政教育在尊重知识本位的基础上,上得有情(情感)、有义(意义),生动而富有感染力呢?

一是选择有"温度"的思政教育素材。"巧妇难为无米之炊",我们设计的思政点要结合学生的年龄特点,要能触动学生、打动学生、感动学生,绝不能生搬硬套,因为以理服人离不开以情感人的铺陈;必须要紧跟时代步伐,用教材,但不局限于教材,要活用实时媒体资源,让教学有时代气息。否则,教学设计再高大上,学生理解不了、没感觉,结果就是"清风徐来,水波不兴"。

二是采用"灵活"的教学方式。要把学科思政教育点讲得"有温度",绝不能只是单向的"聆听"和填鸭式"灌输",而要构建有活力的课堂,要让学生在多样的活动中发展道德认知,体验道德情感。想在浅显的知识学习中得到深刻的思政教育,我们需要一个媒介,那就是现代信息技术的应用,使我们的思政教育美化、活化、趣味化,让思政渗透点像抽丝剥茧、层层撒盐一样融入教学环节,让学生在感受数学世界的神奇,语言文字的奥妙的同时,培养学生的家国情怀、责任担当,以及勇于探索的科学精神,这样才能逐步引导学生将个人成长成才与新时代的追梦征程紧密相连。因为思政教育,不仅是思想教育,更是行动指南,当学生走出课堂,还能将我们的教育做出来,我们的思政教育才是做活了。

(二)教师——"立德树人"的基本保障

要实现教育观念的转变和课程变革,关键要素是教师。作为教学任务的承担者、执行者与实施者——教师,是落实"立德树人"根本任务的关键。作为新时代教师,不能只做传授书本知识的教书匠,而要成为塑造学生品格、品行、品味的"大先生"。

(三)现代信息技术——"立德树人"的助燃剂

一是多媒体技术教学可以化无形为有形,化无声为有声,化静为动,以其独特的形、声、景扣动学生的心弦,使学生"跨时空"进入一种极具感染力的学习氛围。

二是网络平台上丰富的教育资源,可以将学科小课堂同社会大课堂结合起来,拓宽学生的视野和见识。

三是借助多媒体电教手段,也是能将思想性、知识性、艺术性熔为一体,增强思政教育感染力的重要手段。

总之,无论是培养学生,还是提升教师,只有站在"立德"的高度,我们的视野才会更宽广;只有充分挖掘学科教学中的思政点,将其与学科活动相融合,思政教育才会更具感染力,学生可持续发展的可能才更大。

关于学科"课程思政"的研究与反思

我们知道,教育的本质有三点,即知识传授、能力培养以及价值引领,而课程思政就是要把这三点融到一起,整体推进,这样才是一个完整的教育活动。学科"课程思政"教学研究工作开展以来,一些教师说,原来的课程内容都讲不完,哪还有多余的时间讲思政。但是任务压下来,不做又不行,于是就出现了知识教育、思政教育两层皮,教师教得无心,学生学得无趣,教师讲得生硬,学生听得僵硬。

那么,"课程思政"到底要做什么?怎么做?是新任务吗?为此,西市区教师进修学校开展了学科"课程思政"专题研究。现结合教育教学中遇到的问题,及当地的校情、师情、生情,谈谈具体的实践与感悟。

一、研究目的

第一,转变观念,引领教师树立正确的育人观。

第二,指导教师充分挖掘学科教学中的思政要素,促进学生核心素养的提升。

第三,探索学科课程思政的新方法、新举措,推进育人方式的变革。

二、研究内容

第一,学科"课程思政"主题培训。
第二,学科思政课评优。

三、研究形式

第一,以学科为单位,通过观摩学科研训团队打磨的本学科思政精品课、执教骨干教师进行教学反思、研训员进行教学评价与辅导的方式,对全区教师分学科、分阶段开展线上线下培训。

第二,以学校为单位,组织教师团队共同研课,开展学科思政课竞赛活动。

四、研究过程

课程思政是落实立德树人任务之根本,是促进学生成才、成人的基石。本次专题研究活动我们采用"研培一体、赛训结合"的模式,以"学科思政课"竞赛为抓手,旨在提升教师对教学活动中思政点的"挖掘力、渗透力",确保"立德树人"根本任务在教育教学活动中得以落实。研究活动分为两大环节:一是"课程思政"专题培训;二是"学科思政课"评优竞赛。

(一)"课程思政"专题培训

"课程思政"专题培训,我们分为线上线下两种形式同步推进。

一是道德与法治、英语、科学、音乐、美术(书法)、信息技术等学科,以线上线下的形式分别对学科教师进行集中培训,加强了研训员与教师的互动交流。

二是语文、数学两个学科,采用线上快手直播的方式,对区域班主任进行全员培训。培训前,教师观看了西市区为营口地区"空中课堂"精心打造的样板课:数学《开会了》,语文《古诗二首——咏柳》。培训直播现场,由西市区教师进修学校副校长吕辉主持,全区8所学校以校为单位组织教师观看培训直播。

两位教师——李巍巍、战云,结合自己的课和大家交流了课程思政的具体操作方法和路径,用"实例"说话,解决了教师心中认为学科思政是负担、是"贴标签"的疑惑,同时让老师认识到勿忘育人初心是课程思政的根本,育人无处不在,教师要善于在课程活动中抓住育人的良好时机,"适时、适当、适量"地落实学科思政。

两位教学主任——宋丽丽、杨丽丽,就课程思政的落实进行了培训。两位教学主任的培训有理有据,深入浅出,帮助老师解决了"学科思政点在哪落实?""怎样落实?"的困惑。

前沿的培训理念、高品质的培训内容、完美的直播效果,大大提高了培训效能,收获了基层教师的好评和同行专家的赞誉,可以说本次培训成为西市教研新的里程碑。

(二)"学科思政课"评优

为了让教师能够真正完成课堂教学中知识教育、能力培养之外的价值养成、品格塑造这一根本任务,我们组织开展了"学科思政课评优"活动。

本次评优活动,我们本着"三全"原则,确保每一所学校、每一个学科、每一位教师都参与其中。培训之后近一个月的时间,区域各校组织开展了校级评优(班主任本次进行的是数学学科),并在所有学科中推选出2节参加区评优。

通过本轮评优,我们欣喜地发现,教师对教学活动中思政点的"挖掘力、渗透力"都有明显提升,做到了思政点挖掘深入、准确、全面,教学中德育渗透适时、适当、适量,课堂则更加灵活、灵动、灵气,学生掌握了学科知识,而且感受到知识背后的文化与精神。

本次数学思政课评优我们采用的是同课异构的方式。此方式充分调动与发挥了学校骨干教师的力量,集体打磨,团队作战,在研课的过程中提升了教师群体的研究能力和业务水平,教师的关注点由学科知识转为学科育人,由重知识获得变为重思维训练……为下一阶段深入开展大单元学习、学科整合等,引发学生深度学习方面的研究与实施,奠定了良好的基础。最终,英华小学温学来、区实验小学李连成、理工附小李岩的"学科思政课"脱颖而出,荣获区一等优秀课。

五、研究收获与反思

近两个月的培训、评优活动结束了,但课程思政的实践探索才刚刚开始。总书记在全国教育大会、思政座谈会等会议上多次强调,要用好课堂主渠道,所有课堂都有育人功能,都是育人的主渠道。也就是说,对学生除了知识教育、能力培养之外,我们的课程还要承载着价值养成、品格塑造的任务。

课程思政开展以来,"只思不政"或"只政不思"的现象使得"立德树人"根本任务无法真正落实。那么,如何"思",怎么"政",才能真正有效地落实"立德树人"根本任务呢?通过本次专题研究活动,我们达成共识:

收获之一:课程思政标签是新的,但其内涵要求是为人师者的根本——育人。以往我们的德育关注的多是专题德育活动和思政课这一门学科,其他学科的德育渗透蜻蜓点水,甚至直接忽略,人为造成了思政课与其他课在育人功能上的分裂,所以今天我们强调"课程思政",就是挖掘和凸显学科课程本来就有的德育要素。

收获之二:课程思政是方法,不是加法。它不是德育与课程的简单叠加,或者是重合、复合,我们的课程本身就承载着思想政治教育功能,就具备思想政治教育资源。说到底,"课程思政"看似在课程,但本质在教课程、学课程的人,同样一门课程,教师不同,则课程教学效果就会不同。

收获之三:作为新时代的教师,我们的教育目的和目标不能仅仅停留在知识的传授上,更应该自觉主动承担为实现伟大的中国梦培养合格建设者和接班人这一根本任务。课程思政应该以知识教学为抓手,通过各种教学形式,用教师的人格和知识魅力感染学生。对于教师来说,育人无处不在。

收获之四:课程思政并不是生拉硬拽,更不能形成"贴标签""两张皮"的现象。老师要留心课程育人的各种机会,包括教学内容,也包括我们平时教育教学活动中的语言、行为,以及对学生的评价等,教师要把握"适时、适当、适量"的原则,这是课程思政的"高阶"要求。好的课程思政就要如盐入水,润物无声、春风化雨般融入学科教学之中。

作为教育工作者,我们在讲好学科知识和技能的基础上,要充分挖掘其思政要素与内涵,这不是可做可不做的选择题,而是必答题,而且是必须答对、答好的题。为此,要做到"三个转变":一要由个体行为变为集体行为,每个教师都要成为课程思政的实践者;二要由自发行为变成自觉行为;三要由随机行为变为系统行为(要求)。而且,课程思政要体现三个特征,即短(不宜长篇阔论)、新(指时间近,如最近发生的时事等)、近(指学生熟悉的、身边的人和事)。

教育是国之大计、党之大计,教师只有站在坚持为党育人、为国育人的高度,珍惜每一个孩子成长过程中不可复制的40分钟,精准挖掘学科思政教育点,才能充分发挥各学科独特的育人功能,培根铸魂,启智润心。

◆

第二编　教育理念

《他乡的童年》：教育该有的样子

　　《他乡的童年》专题片是全球教育旅行纪录片，由记者、主持人周轶君担任"教育方式"探索者，为中国家庭、中国教育提供了世界的教育智慧。我们当地的学校通过每天的"悦读时光"向全体研训员推送了该专题片，让大家在交流中开阔了眼界，提升了格局，从中感悟到教育的真谛。

一、教育要注重细节

　　专题片第一集，介绍的是日本的教育。日本的教育，比较突出集体式、永不言败的教育特征，但给我更大促动的是他们教育中的细节：幼儿园一次性关不紧的门（严谨、细致作风）、不平整的草地（勇于面对"困难和挫折"）、吃饭时小小互动（自护、自立意识）、没有水槽的水龙头（节约意识）、原生态的蔬果（好奇心）、快速点名卡和识字卡（培养注意力）……看似不经意的"疏忽"和安排，实际上是有意的、精心的设计。作为教育工作者，我们必须明确的是，教育不一定整齐划一，不必追求完美，但必须是真实的和自然的，应该是师生全情投入的，因为教育无处不在。

　　涂尔干曾指出，不能僵硬地把道德教育范围局限于教室中的课时，它不是某时某刻的事情，而是每时每刻的事情。学校生活中的每一件小事，都有进行教育的可能性。作为教育工作者，我们要有意识、有能力、有责任、有行动，要时时、处处、事事有"心"、有"情"，要乐"思"、善"做"。

二、"一切(人、物、境)"皆教育

专题片第二集，介绍芬兰的教育。"蓬生麻中，不扶而直；白沙在涅，与之俱黑。"这是荀子《劝学》中的名句。它告诉我们，一个人生活的环境是接受教育的环境，接受教育的环境就是人生成长的轨迹。芬兰的社会形态、教育者、家长，就什么是教育，给了我们明确而有力地回答。他们认为，教育没有固定的模式，关键是按照当地的特色，让孩子与他们生活的周围环境产生联系。不仅仅是告诉孩子应该怎么样，还要让孩子知道为什么应该这样。学习是为了回到生活，回到所在的环境。可以说，从社会的内外部环境到教育理念，从学校、教师到家庭、家长，芬兰给孩子们创设了极好的成长环境和生存环境。

什么是教育该有的样子？教育就是要唤醒人性中的真善美，形成高贵的灵魂。在每个学生的成长中，优质的学习和成长环境是对他们生命中最美的馈赠。作为个体教师，我们无法对教育发展产生根本性、决定性的影响，但我们可以控制自己的教育教学行为，只要我们愿意和努力。所以，作为教育工作者，我们不需要羡慕发达国家或先进城市充裕的教育资源，更不必懊恼我们没有充足的教育时间，因为教师本身就是最好的教育资源。我们能做的也是必须做到的，就是不断修正自己的德与行，让自己成为学生成长轨迹中的光芒，虽然可能微弱，但天长地久汇聚一起，终会照亮孩子未来的天空。

三、自信的孩子最快乐

专题片第三集，介绍印度用哈利·波特的故事上法律课。初看印度，给人的印象是混乱的，印度的教育从整体角度来看并不令人称道。但细品，印度教育是多姿多彩的，在落后与混乱之中，个体迸发出强而有力的学习力，通过个体之间的相互启发、相互影响，形成印度社会进步的动力与希望。所以，自主、探究、合作、共享是受教育者最欢迎的学习方式，感兴趣、有需求、被认可是学生快乐成长的动力。

印度看似混乱,但能在混乱中制造秩序,源于教师鼓励学生发表自己的见解和建议,在辩论中寻找答案;源于学生敢于在课堂上挑战教师,在"混乱"中分享着成长的快乐;源于教师在教育中没有"标准答案"。我想,这也是教育该有的样子,教育就应该给每一个学生带来自信,带去希望。

四、"德"为教育之首

专题片第四集,介绍英国的贵族绅士养成之路。精英教育是英国教育显著的特征,他们认为精英是一股推动社会改变的力量,而这些人有能力也有意向来改变社会。英国精英教育的精华,在于专业课程之外广泛的兴趣爱好,在于让学生变成一个有趣的人、充满好奇的人,做一个体魄强健、富有社会责任感的个体。

无论公立教育还是私立教育,无论精英思想还是普及思想,其教育的终极目标都是培养德智体美劳全面发展的人。日本、芬兰、印度、英国的教育,都注重培养学生的德行,认为德行比知识更重要。我们认为,教育的要领应该是"教"与"育"不能偏废,要做有温度的"育",育出人的器量和见识、判断和信仰、格局与境界,以及精神世界的丰盈与包容。

五、允许孩子犯错、失败

专题片第五集,介绍以色列的教育。以色列,面积不大,人口不多,战争冲突频发,教育资源贫乏,但这个国家孕育出强大的创新能力和创业精神,成为"创业之国",吸引全世界的投资者。为何?

一是鼓励提出问题。以色列人觉得提出问题的能力比解决问题的能力更重要。教育重视的不是让孩子知道怎么做,而是鼓励孩子提出为什么这么做,进而通过探究质疑不断发现新问题,寻求新答案,让孩子从小就打破思维定式,每个人都有自己独立的想法和思维方式。

二是倡导"失败"法则。在以色列,教师允许学生失败,学生敢于失败,最重要的是学生失败了很多次而依然敢于尝试，不会因为失败而将自己定义为"失败者"，不会因为结果失败而否定自己付出的努力。教师包容的不是失败，而是再一次尝试，他们不认为那是失败，那只是一次行不通的经验，所以需要再尝试。正是这一次次尝试，让以色列人敢于挑战约定俗成，让十四五岁的孩子成立自己的创业公司。

六、教育要守正与创新

专题片第六集，观察我国的教育。五千年文化，三千年诗韵，我们的文化从未断流。中国人尊重传统教育，尊重历史，因为我们通过触摸历史可以更深切地感受中国文化的博大精深，但我们更要创新。陶行知谈及新教育要点时曾说，今日新的事，到了明日未必新，明日新的事，到了后日又未必新，所以新教育的第二个意义要"常新"。这是对新时代教育创新最好的诠释，所以作为教育工作者，我们只有带着教育的使命，不断去追问与探索，才能引领孩子将传统融入多元的世界，让中国教育始终坚持传承与发扬、多元与包容，让中国的教育在守正中创新。今天教育的模样，就是明天中国的模样。

《他乡的童年》是世界教育的一个缩影，让我们了解到不同国家的教育姿态，同时，让我们洞察到不同国家优质教育的一个共同特点，那就是重视孩子的自我管理，培养孩子的责任感。记者问以色列教育家德隆对孩子的教育时，他说："我的责任是让他拥有管理自己的能力，对自己负责的能力。"

让我们共同努力，让教育拒绝喧嚣浮华，回归本来面目。

"情怀、眼界、匠心"让教育充满力量

——读《陶行知教育文集》有感

　　一直以来,我们都在用陶行知的教育思想指导着自己的教育教学实践。这学期终于静下心来系统地阅读《陶行知教育文集》,从国家到学校、到家庭,从教师到师范生、到普通学生,从宏观的教育思想到微观的教学实践,陶行知结合毕生的探索,缓缓道出教育的方法和真谛。我被其心怀国家、心系民众的大情怀所震撼,被其对社会、对教育深刻的见地所折服,对其一生致力于教育发展、追求真理做真人的执着赞叹不已。我对新时期合格教育工作者的基本素养,有了更深刻、更清晰的认识和思考。

一、教师要有情怀

　　纵观陶行知的一生,他始终是站在国家、民族的角度去思考教育,他所倡导的始终是有利于国家、民族更好发展的教育,而这正是对新时期"培养什么人? 怎样培养人? 为谁培养人?"教育基本问题的最好诠释。

　　教育是关乎精神成长的事业,在精神世界里学生是教师的后裔,会传承教师的某些"基因",如果希望学生朝着有情怀、有担当的方向发展,教师自身要成为有情怀、有担当的典范。我曾看到这样一句话:教育者做教育,最重要的是帮助学生在人格、人品、人的素养上将自己"立"起来。作为教师,我们要有深沉的家国情怀,要有坚定的传道情怀,还要有宽和的仁爱情怀,把对家国的爱、对教育的爱、对学生的爱融为一体,这样才能"感人于肺腑,动人于心弦"，才能引导学生立德成人、立志成才。所以，我们应努力增强专业素养、提升师德修养，让自己成为有大爱、大德、大情怀的人；我们应秉承着家国一体的使命感，肩负着立德树人的责任感；我们应怀揣着"功成不必在我"的精神境界和"功成必定有我"的历史担当，努力答好时代之卷。

教师今天的教育关乎着孩子明天的人生，为此，作为教师，只有自己信仰坚定，才能对教育、对学生投入真感情；才能让空洞无味的教育教学实践变得有"情义"有"滋味"；才能让遥不可及的生硬"说教"，变成润物无声的长久"滋润"，感同身受的情感"共鸣"，和触及灵魂的思想"升华"，让教育真正成为一项有温度的事业。

二、教师要有眼界

陶行知谈到"第一流的教育家"必备两个要素：一是敢探未发明的新理；二是敢入未开化的边疆。并指出创造时，目光要深；开辟时，目光要远。他深刻明晰地阐明，教育者一定要有眼界，既要守正，更要创新，这样才能让教育与时俱进。在谈及"教学合一"理论时曾提及，好的先生必定是一方面指导学生，另一方面研究学问。因为我们都知道，学识决定眼界，特别是在知识爆炸的时代，作为教师，我们只有牢固树立终身学习的思想并付诸行动，才能不断地丰富学识、增长见识。

教育是面向未来的，为此，教师增进内力，不能只停留在一本教材、教参，也不能局限于所教学科知识的掌握，而要放眼世界、横向跨界、打破边界，这样才能不断地拓宽视野。教育是一扇窗，看得越远，世界就越近；教育是一扇窗，开得越大，世界就越小。作为新时代的教育人，只有心怀世界、心系未来，才能让我们的教育助力学生终身发展，才能真正落实"立德树人"根本任务。

当然，一名教师的成长不是一蹴而就的，也不可能是一帆风顺的，我们只有跳出教育看教育，放眼世界做教育，才能让我们有勇气和力量不断突破自己，才能让我们的教育适应学生、顺应发展。

三、教师要有匠心

陶行知致力于教育的研究和发展,他积极倡导普及教育、平民教育、生活教育,躬亲实践,终生不渝,最终形成仍在指导我国教育实践的"生活即教育、社会即学校、教学做合一"等教育思想。在他身上,我看到了新时代所倡导的工匠精神,它是一种专注,是一种严谨,是一种态度,更是一份坚持。

作为教师,每一堂课、每一次教育行为,都是我们教育中的一个点,这些点连在一起便构成教育的轨迹,决定了我们教育的质地。如果教师能用一颗匠心守护他(她)的课堂和学生,坚持让每一节课、每一次教育行为都尽可能达到完美、极致,那么,他(她)就会在提升自己教育教学品质的同时,提升自己教育人生的品质。在教育路上,个人的力量固然是微弱的、渺小的,但是,如果我们能用一颗颗匠心坚持追逐梦想,这微弱的、渺小的力量一点点汇聚起来,那么,足以照亮自己,点亮学生。

什么是幸福?我想,幸福就是一路奔跑,努力实现梦想。什么是教师的幸福?我觉得,教师的幸福就是用我们的"情怀、眼界、匠心",给孩子美好的童年,让家长赞叹,给学生持续发展的力量,给祖国培养优秀的继承人和接班人。

"乐读、常思、擅写"助力教师专业成长
——读《听窦桂梅老师评课》有感

  教学引领者必须让教师相信,课堂生活绝不只是为了生存而必须从事的被动工作,而应当成为为未来储存幸福基金的事业。要努力成为让学生永远记在心中的小学教师,就必须付诸行动,把通过学习获得的知识财富转为教学生产力。只有这样,你才会成为学生爱戴、敬仰的人,你才会真正找到一个教师得以安身立命的根本所在。

——题记

  《听窦桂梅老师评课》一书以案例解读的方式向我们介绍了作为一名教师、一名管理者如何听课、评课、写课。我在阅读过程中思考更多的是窦桂梅如何从一名普通教师成为一名学校管理者,成为全国特级教师、教授、博士生导师,以及2020年度"全国教书育人楷模"。究其原因,我想不外乎乐读、常思、擅写。

一、把读书当作一种生活方式

  《人民教育》有一篇文章,叫《优秀教师的50个习惯》,其中一条就是"读书,是教师的一种生活"。要天天看书,终生以书为友,这是潺潺小溪,一天也不能断流,它充实着思想的河流。

而有的学校有相当一部分教师"不愿学习、不愿成长"。到底是什么原因呢？分析起来，一是部分教师感到，平时的教学工作和其他事务繁杂，再加上家庭负担比较重，不愿再学习、再努力；二是部分教师缺乏理想和追求，有的连常规教研都不愿意参加，更谈不上主动学习提升；三是部分教师认识上出现偏差。他们把教师的学习理解为学好本学科专业知识，熟悉教材、课标，认为教师的主要任务是教学，教师不是理论家也难以成为教育家，教学理论研究是教育专家的事。

古语云："至要莫如教子，至乐无如读书。"阅读能提高人的品位，提升内在素养；阅读能明德知礼，涵育素养。

也许我们没有名师深厚的文学底蕴，没有名家浓郁的文化素养，但我们可以做力所能及的事情，比如真正做到不备好课不上课，正自身以正学生。我们可以多读书，多与名师对话，多反思自己的教学，多提供给我们和孩子更多的阅读空间……我们可以探究教材，吃透教材，灵活地运用教材，巧妙地驾驭课堂。我们或许此刻还超越不了名师，但肯定正在努力超越自己。

二、把反思当作一种教育习惯

一个坚持教育反思的老师，其内心一定是丰盈的。因为其注意力一直在教育这件事上，其热情一直在学生身上，其思维一直活跃在具体的教育策略上，其积累不断促进着专业精进。

特级教师于永正说，认真写 3 年教学反思的人，必定成为有思想的教师，说不定还能写出一个专家来。身为教师，坚持记录自己的教育点滴，反思教育的得失，日积月累，会发现自己无形中积累了许多财富：打开文件夹，一个个鲜活的案例从记忆中浮现出来，一次次心灵的叩问从反思中回响起来，一条条来自实践的宝贵经验在记录中保存下来，幸福感、成就感就随之而来。

三、把写作当作一种专业技能

仔细阅读《听窦桂梅老师评课》一书，会发现书中记录的其实就是她日常听课的随笔，只不过她及时把这些记录下来，并进行了深入系统的思考。我想这是窦桂梅老师为什么能成为全国特级教师、"全国教书育人楷模"重要的原因。所以，作为教师，一定要勤于、善于进行教育写作。

教育写作可以带领教师走出简单而重复的工作，能将渐进式的成长轨迹留下来，在不知不觉中助推一个人不断去寻找生活中的新意，助推一个人不断创造新生活的动力。

教育写作可以把"无法预约的精彩"变成"必然出现的精彩"，可以将"一个个教育事故"变成"一个个教育故事"。

教育写作能使教师将零散的经验明晰化、系统化、结构化，实现"个体经验"向"教育生产力"的转化。

教育习作是教师从教育实践走向专业表达、从专业表达走向专业发展的必由之路。

一个人的成长，是自己的事。愿不愿意优秀，完全取决于自己。惰性是滋生抱怨的摇篮，一个在教育教学道路上孜孜以求、勤于学习的教师，是没有时间抱怨的。在他们看来，时间宝贵，能够在繁忙的教育教学工作中挤出时间阅读专著、潜心思考才是要做的事。

改革教育评价 落实立德树人

近日,中共中央、国务院印发了《深化新时代教育评价改革总体方案》,进一步强调了党对教育工作的全面领导,明确了党委把方向、管大局、作决策、保落实的职责。从党委政府、学校发展、教师育人、学生成长等各个方面做了明确、翔实的规定,确保了我国这艘教育之舰能够乘风破浪,一路远航。

细细品读,不难发现该方案中频频出现"立德树人"的字眼,从对教育部门、学校工作评价,到对教师、学生的评价,其切入点、落脚点,都是落实立德树人根本任务。该方案的实施,为学校和教师指明了方向。

一、"立德树人"是我国教育发展的价值目标

该方案指出,各级党委和政府要坚持正确政绩观等,这使得教育培养目标与党的十九大报告所提出的"要全面贯彻党的教育方针,落实立德树人根本任务,发展素质教育,推进教育公平,培养德智体美全面发展的社会主义建设者和接班人"相一致,让教育真正为党和国家的发展事业服务,让"立德树人"真正成为发展中国特色社会主义教育事业的核心所在。

二、"立德树人"是学校发展的办学目标

该方案强调,义务教育学校重点评价促进学生全面发展、保障学生平等

权益、引领教师专业发展、提升教育教学水平、营造和谐育人环境。这让我想到了在教育专题片《他乡的童年》中英国的精英教育，其精华在于让学生成为一个兴趣广泛，富有好奇心、创新意识的人，做一个身体健康，对国家、对社会、对他人富有责任感的个体。它所倡导的是：教育不能仅仅是书本知识的学习，更应注重人的思想道德、情感意志等核心素养的提升。

教育的终极目标是培养德智体美劳全面发展的人。孩子最后都要走向社会，学校是孩子离开家庭、走向社会的第一步，所以基础教育是为儿童身心发展服务，为他们步入社会服务，为他们的未来发展服务，教育的要领应该是："教"与"育"不能偏废，要做有温度的"育"，育出人的器量和见识。

三、"立德树人"是教师教育教学的育人目标

该方案要求，坚决克服重科研轻教学、重教书轻育人等现象，把师德表现作为教师资格定期注册、业绩考核、职称评聘、评优奖励首要条件。的确，教育是关乎精神成长的事业。教育者做教育，最重要的是帮助学生在人格、人品、人的素养上将自己"立"起来。作为教师，我们要有深沉的家国情怀，要有坚定的传道情怀，还要有宽和的仁爱情怀，把对家国的爱、对教育的爱、对学生的爱融为一体，这样学生才能在我们的引导下成人、成才。"思深以致远，谋定而后动"，所以，我们要坚持谋在前、思在深、干在实，坚决扛起一代教育人应有的政治责任，在提升自己专业素养的同时，努力提升师德修养，将教育事业与国家民族复兴的伟大事业紧密联系起来，心无旁骛发展"更适合学生发展的教育"，努力交出一份无愧于时代、无愧于人民的时代之卷。

四、"立德树人"是新时代个体成长的发展目标

投票花钱刷礼物评选"好孩子"，疯狂追星，校园欺凌与未成年犯罪，透过这些社会现象，我们清晰地看到青少年成长中存在的问题，深切地感受到"立德树人"工作的必要性、重要性、紧迫性。这些不能回避的社会现象与暴露出

的教育问题,让我们更切实、更深入地思考:我们培养什么人? 怎样培养人? 为谁培养人?

"人无精神则不立,国无精神则不强。"唯有精神上站得住、站得稳,一个民族才能在历史洪流中屹立不倒,挺立潮头。随着课程改革的不断深入,教育目标从"双基""三维目标",升级为"学科核心素养"。该方案明确提出:树立科学成才观念,坚持以德为先、能力为重、全面发展……充分体现了对学生发展目标的价值引领。

面对民族复兴的伟业,教师承担着庄严、神圣的使命,是打造中华民族"筑梦队"的筑梦人。让我们站在更好的起点,不忘立德树人之初心,怀揣着教师的使命,一路前行。

推进"思政课程"向"课程思政"转变

21世纪,我们需要培养具有家国情怀、国际视野、"五育并举"的建设者和接班人。课程思政是落实立德树人任务之根本,是促进学生成才、成人的基石。近年来,西市区教师进修学校组织研训员和教师进行了积极的探索。下面谈谈体会。

一、如何理解课程思政

(一)课程思政是价值引领的教育活动

课程思政的本质就是,思政课要在改进中加强,其他各门课要守好一段渠,种好责任田,要把做人做事的基本道理,把社会主义核心价值观,把实现民族复兴的理想和责任,融入各类课程教学中,使各类课程做到与思政课同向同行,取得协同效应。

(二)课程思政是德智融合的教育理念

课程思政不是用德育课教育取代学科课教育,而是把思想政治教育寓于课程之中,把德育融于课程之内。就是提炼课程本身就蕴含的思想政治教育资源,以润物细无声的隐性教育方式,在课堂上将德育教育融进去。做好"融"字,要实现德、识、能三位一体。

二、如何落实课程思政

(一)充分挖掘课程的思政要素

以往我们的德育关注的多是专题德育活动和思政课这一门学科,其他学科的德育渗透是蜻蜓点水,甚至是直接忽略,人为造成了思政课与其他学科课在育人功能上的分裂,所以今天我们提出全学科德育,就是要让思政课程以"课程思政"的形式向学科课程拓展和延伸。

在讲好学科知识和技能的基础上,要充分挖掘其思政要素与内涵,这是必答题,而且是必须答对、答好的题。要做到"三个转变":一要由个体行为变为集体行为,每个教师都要成为课程思政的实践者;二要由自发行为变成自觉行为;三要由随机行为变为系统行为。课程思政要体现三个特征,即短、新、近。

当然,课程思政的多与少、深与浅,并没有统一的标准和要求。我们只有心中有人,珍惜每一个孩子成长过程中的机遇有精准挖掘学科思政教育点,才能充分发挥各学科独特的育人功能,才能真正落实立德树人的根本任务。

(二)采用润物无声的教育方法

学科思政课教学,必须把握好思政教育的内容和分寸。学科思政教育,不能失去"学科味儿",要尊重知识本位,在落实教学目标、突破重难点的同时,顺势而为,实现立德树人的目标。我们要明确,课程思政是方法,不是加法。它不是德育与课程的简单叠加,不是重合、复合。我们的课程本身就承载着思想政治教育功能,就具备思想政治教育资源。

课程思政的方法与途径要创新,要由结合变为融合。有人将课程思政比喻成盐。我们都知道,盐对人的健康很重要,但人不能光吃盐,吃盐最好的方式是把盐融入食物,自然而然地加以吸收。好的课程思政就如盐入水,融入我们的学科教学。

（三）积极倡导教育者先受教育

教师的一举一动、一言一行，都会对学生产生积极或消极的影响。教育者做教育，最重要的是帮助学生在人格、人品、人的素养上将自己"立"起来。只有发展好教师的意识和能力，让有信仰的人讲信仰，才可能发展好孩子的未来。

人才培养归根结底要靠教育。而教育最终的目标就是要培养德、智、体、美、劳全面发展的时代新人。作为教师，我们应秉承着家国一体的使命感，肩负着立德树人的责任感；我们应怀揣着"功成不必在我"的精神境界和"功成必定有我"的历史担当，努力答好时代之卷。

第三编　师资建设

重引领强素质 打造一流研训队伍

有这样一句话:"把人放在第一位,工作中所有的问题都可以解决。"也就是说,"人"是推动工作发展的根基和保障。西市区教师进修学校秉承"责任与担当、团队与研究、拼搏与奉献"的进修精神,强化队伍建设,引领研训员成为教育的行家里手,成为教师专业成长的引路人。

一、政治引领,树立责任意识

政治素养包括政治立场、政治品质和政治水平,解决的是为谁做、为什么而做的问题,它是一切素养的"魂"。为此,学校注重以党的建设为引领,不断强化党支部的战斗堡垒作用。

(一)加强理想信念教育

规范党支部组织生活,通过"三会一课""主题党日"活动,围绕"向英雄模范那样忠诚、执着、朴实""恪守师德底线 探索崇高导向"等内容,从严教育管理,不断强化政治意识、责任意识,让研训员明确作为一名教育工作者,最美的誓言是敬业,最永恒的旋律是忘我,最朴实的行为是担当。

(二)树立责任意识

通过学习党规党纪、师德规范,以及开展对照检视、自查自纠等方式,牢牢树立责任意识，做到底线不破、红线不闯、高压线不碰，努力营造风清气正、奉献担当的学校内部环境，让研训员心存敬畏但不畏手畏脚，敢为作为但不为所欲为。

二、文化引领，打造团队精神

如果说管理的关键在控制，那么治理的关键就在引领和激活。从"管理"到"治理"，已成为现代学校战略发展的现实需要，学校文化则是现代学校治理的引擎。为此，我们积极通过文化引领，以自治、共治求善治。

（一）重发展文化，明方向

有人说："成功最重要的是知道自己究竟想要什么。成功的首要因素是制定一套明确、具体而且可以衡量的目标和计划。"也就是说，没有目标就好像没有罗盘的船只，不知道前进的方向。为此，我们组织全体研训员共同商讨，从工作目标、队伍建设、学校文化三个方面确定学校发展方向。

工作目标：为教师发展赋能，为教育发展助力。

队伍建设：爱心、专心、诚心、安心。对教育、对工作，有一颗挚爱之心；对学问、对研修，有一颗专注之心；对老师、对同事，有一颗真诚之心；对成绩、对名利，有一颗安静、恬淡之心。

学校文化：相处之法——我们尊重每一个人；工作准则——我们做好每一个细节；服务精神——我们倾听每一种声音；研修要求——我们钻研每一个问题；用人之道——我们成就每一个人，让每一位研训员明确学校发展方向和目标，并使其成为自己行动的指南。

（二）倡团队文化，聚合力

有人说："一个人的梦想只是梦想，一群人的梦想就能成真。"为了完成工作任务，学校采用的是"1+X"模式："1"代表活动主要负责人，"X"代表活动参与者。小到一节学科课的研讨，大到一场现场会的筹备，学校都会有意引领研训员协同教研,多学科合作,变"单打独斗"为"兵团合作"。让大家在共同的参与和实践中增强"胜任感""自信力",在碰撞和互助中体验"效能感""成就感",在共同的切磋交流中感悟自身的价值、集体的智慧、团队的力量,树立共同攀登、彼此成就的团队精神。

三、专业引领,提升队伍素养

研训员是地区教师专业发展的组织者、把脉者、引领者。研训员的专业水准对于提升区域教学质量起着举足轻重的作用。为此,学校通过开展"五个一",即阅读一本教育书(每学期)、创建一个学科团队(或兼职)、确定一个研训主题、确立一个蹲点学校、培养一批骨干梯队,积极构建学习型学校,致力打造专家型团队。

(一)唤醒——设立"百言讲堂"

由班子引领,研训员积极参与,坚持每半月一次的开讲活动。通过"时政前沿、教育热点、专家讲坛"等板块,围绕"中国教育现代化2035、赋能深度学习、立德树人时代内涵与实施途径、新课程怎样听评课"等主题开展学习和研讨,拓宽了研训员的眼界和格局,拓展了研训员学科素养的宽度和深度。

(二)赋能——开展"悦读共享"活动

在研训员中倡导"读书即生活"思想,通过"好书推荐",定期向研训员推送年度"影响教师成长"书单;为激发读书热情,学校还提供必要的帮助,订阅了《人民教育》《中国教育报》等报刊,购买了《陶行知教育文集》《脑科学与课堂:以脑为导向的教学模式》《穿行于基础教育森林:教育实践沉思对话录》《教育科学与儿童心理学》等30余册书。通过个人深读、集体精读、交流研读、主题选读等方式,有效引领研训员"读好书、好读书",并通过撰写读书笔记、指导和鼓励进行教育写作,将阅读与研训工作实践结合起来,用理论指导实践,在阅读中反思,为其发展赋能。

（三）助力——组建学科研训团队

为助力研训员专业发展，学校组织各学科创建了3—5人的学科研训团队，全区46名教师以兼职研训员的身份参与学科研训活动，使研训员与基层教师的关系由"面对面"变成"肩并肩"，共同面对教学问题，共同研究、共同成长，促进研训员专业表达和专业成长。

（四）提升——拓宽调研模式

通过采取"推门式、沉浸式、订单式、主题式"常规课调研模式，"点、线、面"结合，使研训员及时了解教师教学活动中的卡点，掌握教师专业成长的痛点，夯实学校教学实践的亮点，进而找准教研指导的切入点。

1."推门式"调研

主要采用"听—思—评—研"方式，以"推门听课"的形式，"当面"了解基层学校课堂"常态"和教学常规情况。研训员调研后都要完成调研报告（包括优点、不足、下一步改进措施），并就存在的问题对下一步集体备课、教师培训等做出反思及调整。同时，向学校反馈典型问题，提出指导及整改意见。

2."沉浸式"调研

通过研训员确立蹲点校，采取"线状"持续跟踪调研的方式，参与教师备课、上课、布置作业、辅导等各个环节，全过程、全方位指导，促进学校骨干教师的成长和薄弱学科的提升。

3."订单式"调研

通过学期初下发"业务指导订单"方式，"定点"了解基层学校教学活动中需要解决的典型问题，由涉及的学科研训员与学校共同商讨，以满足学校的不同需求，促进学校、学科教师的个性发展。

4."主题式"调研

研训员以学科和教师在教学实践中发现的关键问题、热点和难点问题为目标，在学期初，制定一个研训主题来开展教研活动。

以上不同的调研方式，促进了研训员专业素养的快速提升，促进了研训员专业发展的自我蜕变。

"求木之长者,必固其根本;欲流之远者,必浚其泉源。"责任意识的建立、学校文化的打造、专业素养的引领,促进了研训队伍综合素养、研训能力的双提升。但打造一流研训队伍绝不是一朝一夕的事情,不可能一蹴而就。好的学校是教师"成长机会的博物馆",西市区教师进修学校积极引领研训员将个人成长愿景与学校发展愿景结合起来,用汗水浇灌收获,用实干笃定前行,不负韶华、不辱使命。

提升专业素养 助力幼儿发展

各位老师：

大家好！

11月9日，我们刚刚召开了小学教师语文素养大赛观摩表彰大会，结束了我区历时一个多月的小学教师素养大赛。今天，我们再一次聚集在这里，举办幼儿教师专业素养大赛，这为我区落实立德树人根本任务、提升教师育人水平，又迈出了坚实的一步。

什么是幼儿教师的专业素养？它不仅仅包括专业知识，还包括师德、能力、心理、情感等各个方面的素养。陈鹤琴说："幼稚期是人生最重要的一个时期，什么习惯、语言、技能、思想、态度、情绪都要在此时期打下一个基础。若基础打得不稳固，那健全的人格就不容易建造了。"幼儿教师伴随孩子成长，就在这个关键时期，所以，幼儿教师对一个人一生的成长起着奠基作用，责任重大，使命光荣。在座的多数是今年新入职的教师，本次我们以赛代训，希望各位教师充分利用好此次机会，提高技能，提升素养，让自己能够更快地适应岗位，能够更好地自我成长。

作为一名青年教师，刚入行的十年，可以称之为职业的"黄金期"，愿你们尽可能去享受职业的乐趣，因为有了乐趣，才算是美好的人生。今天借此会议，也对你们提出几点要求，或者说是希望：那就是作为一名幼儿教师，要有爱心、童心、诚心、信心。

一是拥有一颗爱心。

没有爱就没有教育,这是教育人的共识。爱虽不是教育的全部,但它是不可或缺的。作为教师,我们要热爱事业、喜爱学习,更要关爱学生。其中,爱事业是基础,因为只有热爱自己所从事的事业,才能全情投入,才能全力以赴。而爱学习是动力,阅读能提高人的品位,提升内在素养;阅读能明德知礼,涵育素养。作为教师,我们要把读书当作一种生活方式。多读书,多与名师对话,多反思自己的教学,虽然我们此刻还超越不了名师名家,但肯定正在努力超越自己,正在成为更好的自己。所以,终身学习是教师的职业要求。我们知道,教育永远面向未来,为此,教师的学习不能只局限于专业知识,我们需要放眼世界、横向跨界、打破边界,这样才能不断拓宽视野,放大格局。因为教育是一扇窗,看得越远,世界就越近;教育是一扇窗,开得越大,世界就越小。教师成为源源不断的活水,可以帮助学生持续成长。

还有重要的一点,就是爱学生,这是根本。因为师爱是一种温暖,一种高尚,一种包容,一种引领,是孩子健康成长的福祉。我们要爱听话的孩子,也要爱那些淘气的学生。当然,教师爱学生,不是本能,而是人文,是素养,需要我们不断地修炼。

二是心装一颗童心。

幼儿教师在拥有一颗爱心的同时,要以一颗不泯的童心去架设通往儿童心灵的桥梁。孩子是天真可爱的,"闯祸"并不是他们的初衷,也不一定是有意为之,他们更多时候是想用自己的方式去解决一些问题。作为教师,我们要用儿童的视角看世界,和孩子同游戏、同欢乐。要用童心去理解孩子,了解儿童对事物的看法,给孩子留下想象和创造。要心怀一颗童心,成为他们的伙伴,从中把孩子引向正确的人生之路。可以说,拥有童心,就是一种教育智慧。

三是手捧一颗诚心。

这个诚心,包括对待孩子要有一颗至诚之心,要极为诚恳,要诚心诚意;对待同事要有一颗坦诚之心,要坦白,要真诚;对待家长要有一颗热诚之心,要热心,要诚恳。用真心换真心,用真情换真情。因为,与人相处,就像自己照镜子,当你微笑示人时,回应的一般就是微笑。同事如此,家长如此,孩子亦如此。幼儿虽然年少，但会从他们的视角感受到教师的真心实意或虚情假意。

四是怀揣一份信心。

《三字经》开篇就是"人之初，性本善"，它告诉我们：孩子是善良的，只要给他们足够的爱和教育，他们就会向着家长和老师希望的方向发展。但无论是孩子的教育，还是教师个人的成长，都不可能是一帆风顺、一蹴而就的，每个班级都会碰到棘手的问题，都会遇到棘手的学生和家长，个人成长过程中也会遇到各种困难，甚至是瓶颈期。作为教师，我们要敢于多体验、多尝试，要敢于面对问题，接受失败，要正确认识失败，将失败看做是自己迈向成功的又一次尝试。要做一个自信豁达、乐观向上的教师，因为坚定而自信的教师就是孩子心中最有力的榜样。

在落实立德树人的教育大背景下，一位拥有爱心、童心、诚心、信心的教师，定会在自己平凡的岗位上创造出一个又一个不平凡。希望你们都能在教育人生路上绵绵用力，久久为功，不辱使命，不负韶华。

谢谢大家！

（系西市区幼儿教师专业素养大赛讲话材料）

做一位"大先生"

尊敬的各位领导、各位教师：

大家下午好！

我发言的主题是："做一位'大先生'"。

刚才,大家围绕论坛主题,就发展学生核心素养的落脚点、切入点、提升点,以及语文学科实践活动的原则、特点、流程、模式等方面,进行了阐述与交流。这里我想分两个方面,和大家交流一下有关教师素养的话题。

一、为什么要特别关注教师素养的提升

其一,时代发展之需求。

有人说："一个人遇到好老师是人生的幸运,一个学校拥有好老师是学校的光荣,一个民族源源不断涌现出一批又一批好老师则是民族的希望。"的确,人才培养归根结底要靠教育。而教育的终极目标就是培养德智体美劳全面发展的人。作为教师,我们就应秉承着家国一体的使命感,肩负着立德树人的责任感;我们就应怀揣着"功成不必在我"的精神境界和"功成必定有我"的历史担当,努力答好时代之卷。

其二,个体成长之基础。

教育是关乎精神成长的事业,在精神世界里学生是教师的后裔,会传承教师的某些"基因"。而小学阶段是儿童品格及行为习惯养成的关键期,儿童

的世界是充满情感的神秘的未知世界,这些都充分彰显了儿童所处人生阶段的特殊性。无论是关键期的原因,还是特殊性的原因,都要求小学教师具有更加丰富的情感、更加敏锐的洞察力、更合乎德行要求的价值观念、更符合时代要求的行为规范。我曾看到这样一句话:教育者做教育,最重要的是帮助学生在人格、人品、人的素养上将自己"立"起来。所以,只有发展好教师的意识和能力,让有信仰的人讲信仰,才可能发展好孩子的未来。

其三,课程改革之根本。

曾有全国人大代表提出"关于修订《义务教育课程方案》的建议",其中提到课程修订原则之一,就是坚持育人导向,构建以核心素养为导向的课程体系。教师是立教之本、兴教之源,要实现教育观念的转变和课程变革,关键要素是教师。教师不能只做传授书本知识的教书匠,而要成为塑造学生品格、品行、品味的"大先生"。

二、如何提升教师素养

其一,"大先生"要有大格局、大情怀。

所谓大格局,就是作为一名普通的教师,我们要有"位卑未敢忘忧国"的爱国意识,要有"以天下为己任""以教育为己任"的忧患意识,要有"我的一个肩膀挑着学生现在,一个肩膀挑着祖国未来"的责任意识。我们要将自己所从事的教育事业升华为国家民族复兴的事业,因为,今天教育的模样,就是明天中国的模样。

所谓大格局,那就是作为一名教师,我们要跳出教育看教育,放眼世界做教育,要关心国家大事,关注世界局势,并要站稳"中国立场",要守正,更要创新,这样才能让我们的教育顺应时代的发展,助力学生的未来。而这些都离不开教师个人素养的提升,因为学识决定眼界,眼界决定格局。我们只有站在高处、胸怀天下,才能成为具有大格局的"大先生"。

其二,"大先生"要有大学识、大智慧。

陈寅恪,学贯中西,精通多种语言,对佛学和历史有独到的研究,成了清华大学国学院的大师,许多教师都搬着板凳来听他讲课,被称为"教授的教授"。

当然,作为一名普通的教师,我们虽不能像陈寅恪那样成为"全中国最博学"的导师,但我们要有意识、有行动,不断丰富自己的学识,特别是对中华优秀传统文化的学习。因为,没有对民族文化的血肉亲情,就难有"为中华民族而教"的教育信仰。如果我们都孤陋寡闻,那么如何引领学生步入中华文化宝库,去体会其中的璀璨丰厚、博大精深呢?如果我们学识不精,又怎样帮助学生从屈原"虽九死其犹未悔"、范仲淹"先天下之忧而忧,后天下之乐而乐"的榜样中构建、营造自己的精神家园,进而去获取一个民族生生不息的精神动力呢? 所以,作为教师,一定要乐于学习、善于学习,让优秀的你教出更优秀的学生。

同志们,教育它是永远面向未来的,为此,教师增进内力绝不能只停留在一本教材、一本教参,也不能局限于所教学科知识的掌握,我们需要放眼世界、横向跨界、打破边界,这样才能不断地拓宽视野。正所谓,教育是一扇窗,看得越远,世界就越近;教育是一扇窗,开得越大,世界就越小。当然,一名教师的成长不是一蹴而就的,也不可能是一帆风顺的,我们只有牢固树立终身学习的思想并付诸行动,才能不断丰富学识、增长见识。只有心怀世界、心系未来,才能让我们有勇气和力量不断地突破自己。

其三,"大先生"要有大技艺、大匠心。

陶行知集大众诗人、大众教育家和社会学家于一身,致力于教育的研究和发展。他积极倡导普及教育、平民教育、生活教育,躬亲实践,终身不渝,最终不辱使命,形成仍在指导我国教育实践的"生活即教育、社会即学校、教学做合一"等思想。在他身上,我们看到了新时代所倡导的工匠精神。

作为一名新时代的教师,随着课程改革的深入开展,社会对教师已经产生了"从量变到质变"的期望,培养有家国情怀、"五育并举"的接班人是国家和社会的要求。因此,要想成为"大先生",在做到有教无类的同时,必须培养自身的"工匠精神",这需要我们在自己的学科领域精耕细作、精益求精,在教学手段方法上因材施教、与时俱进,在每一节课、每一次教育行为中真情投入、完美呈现。我们要持续用力、久久为功，努力使自己成为"工匠精神"的践行者。希望每一位教师在提升自己教育教学品质的同时，提升自己教育人生的品质。

有人这样评价当下那些不去研究教学的老师的课堂：世界上最远的距离不是泰戈尔诗中的鱼与飞鸟的距离，一个在天，一个深潜海底；而是教与学的距离，一个在说，一个却早已睡去。

有的教师安于现状，不想改变；有的教师故步自封，不愿研究；有的教师循规蹈矩，不会创新。我们的课堂无声、无趣、无灵动，学生高分、低能、负担重，教师出力不讨好，事倍功半。这些现状，不得不让我们重新审视自己，审视课堂。作为教师，如果我们不去研究教学，没有思考、不谈创新，我们注定会无法适应时代的发展，注定跟不上学生的脚步，学习方式的变革、核心素养的提升无法实现，落实"立德树人"根本任务终将会成为空话。

在教育之路上，个人的力量固然是微弱的、渺小的，但是，如果我们能用匠心坚持追逐梦想，这一点点微弱的、渺小的力量汇聚起来，足以照亮自己、点亮学生。所以，亲爱的老师们，我想对你们说：

从学科走向学科素养，是每一位师者需要修炼的重要课题；

如何通过课堂赋能学生未来，是每一位师者不断探索和实践的主旋律；

让每一个学生都能遇见优质的生命，成为更好的自己，是每一位师者的初心和使命；

努力成为"大先生"，为孩子们扣好人生第一粒扣子，更是我们每一位师者的责任和担当。

师者如光，微以致远。让我们牢记"立德树人"初心，怀揣为党育人、为国育才的教育使命，和学生一同展开生命之美丽画卷，一起健康成长。

（系"西市区语文素养大赛"观摩展示活动发言材料）

以人为本,创新班主任队伍建设新途径

教育是传递社会文化精华、凝聚人生发展能量的崇高事业。学校教育中常常由于有了一位认真负责的班主任,就会形成团结上进的班风,全班同学也会由此而获益终生。因此,班主任队伍的培养工作,成为新时期教育工作的一个热点。

一、注重师德建设,塑造高尚人格

教书育人,为人师表,是中华优秀传统文化的精粹。教书者要学为人师,育人者要行为示范。为人师表,不仅要求教师要热爱学生、忠诚于教育事业,更要求教师用自己的理想信念、道德情操、人格魅力,对学生进行耳濡目染、潜移默化。因此,师德师风应成为提高班主任素质的切入点。注重加强班主任队伍的职业道德修养,提高其道德素质,不断激发他们工作的自觉性、积极性、创造性。

(一)走进心灵,关爱学生,选准师德建设活动的着眼点

爱是一切教育的基础。在师德建设系列活动中要积极倡导教师"达到三个要求,树立三种意识"。

1."三个要求"

一是要求教师对学生全面关心,在教育教学过程中把自己的全部情感倾

注到每一个学生的身上,对他们既做到严格要求又尊重信任。

二是要求教师热爱每一个具有不同性格的学生,使他们发展各自正当的兴趣爱好和特长。

三是要求教师不以成绩作为衡量学生的唯一标准。

2."三个意识"

教师在工作中要自觉树立三个意识,即服务意识、学习意识、合作意识,要努力构建开放的"服务德育"管理方式,让每一个孩子都沐浴在教育服务的灿烂阳光下,让每一个孩子都成为一个有情有义的人。

(二)多措并举,目标激励,把师德建设活动落到实处

1.开展师德论坛,激发教师的思考

随着课程改革的不断深入,教学沙龙、教育论坛已成为教师们喜闻乐见的学习、提高方式,我们应紧紧抓住这一契机,开展师德论坛。让教师们说自己的亲身体验、谈自己的深层思考,使教师真正从理论的高度正确地把握师德的原则、规范,并内化为自觉行动,规范行为,提高修养。让广大教师在对话中、在理念的碰撞中体验道德是非,体验高尚,更理性地思考"新时期师德内涵"。

2.建立师德档案,促进教师的自省

可通过建立师德档案的方式,激发广大教师爱岗敬业的精神,最大限度地调动教师的内驱力。在建立师德档案的过程中,要改变过去在档案中只记载奖惩或量化的单一、呆板形式,把它变成记录教师成长过程的模式,要注重教师教育教学细节的积累。在档案中,教师的每一个微小的进步、每一节优秀课、每一篇优秀论文、每一个关爱学生的典型案例,都应成为他们闪光的脚印,以便激发教师的工作热情,使他们在工作中创造一个又一个业绩。

3.创设文学社团,提高教师的素养

近几年,班主任队伍逐渐趋于年轻化。如何使他们在喜闻乐见的形式中陶冶情操,让教师们时刻带着快乐的心情、健康的心态走进课堂、走近学生?创建青年教师文学社便是一个很好的方式。文学社团活动有很多,或拜读名

篇佳作的片段，或进行文学创作的品评，或展开教学艺术的商酌，或交流创作及教学实践的感悟。通过每一次活动，让社团里的青年教师们都用文采飞扬的笔端，宣泄自己的所得、所感、所思、所悟，抒发他们对事业的追求、对教学的感悟，用文学特有的熏陶、感染这一功能，开启心灵，调整心理状态，提高品性修养，让教师们在浩如烟海的文学精品中，在文思飞扬的篇章创作中，感悟做人的价值感和做教师的幸福感。

二、创新培训机制，搭建成长平台

（一）抓住"养成教育"，营造师生共同进步的成长家园

教育是"三分在教，七分在带"。高素质的教师才能培养出高素质的学生。工作中，我们可抓住学生的养成教育活动，来促进教师良好教育、教学行为的形成，让广大教师在教育过程中突出三个字：情、实、恒。

1."情"

善于运用一个"情"字，注重提升自己的情感修养，做教育中的性情中人，以其博大的爱心充分尊重学生、了解学生、研究学生、发展学生，以情育人，以情施教，以优化教育成果。

2."实"

突出一个"实"字，即对学生的训练要求实，训练重点实。内容安排形成序列，不做空乏的要求。

3."恒"

坚持一个"恒"字，即区里连续五年坚持每年下发文件确定德育工作重点，开展养成教育示范校、示范学年和示范班的评比活动。定期下学校调研指导实践，并通过多次召开德育工作经验交流会、总结会，请优秀班主任做经验介绍，使当地教师深受启发，有力地推动了当地德育工作的开展。

在以上基础上，我们总结了几年来班主任德育工作的经验，以《实施融情手段，努力开创我区德育工作新局面》为题在市第6次德育工作会议上做了经

验介绍,受到与会领导的好评与关注,并成功地召开了"西市区德育工作会议",可以说为"省德育示范县区"这一称号注入了新的内涵。我们先后推出启文、实验、创新、前进4所养成教育示范学校、32个养成教育示范班。实践让我们更加深刻地感受到:教育是师生的双赢,是师生的互利,是师生的共同成长。

(二)重视"文化育人",提高班主任队伍的人文素养

在现代教育中,人文素养不仅是健全人格和素质教育的必然要求,更是取得良好教学效果的必要条件。结合当地的实际,我们选择了以"文化育人"为提高班主任人文素养的切入点,努力构建"文化育人"的教育环境,拓宽"文化育人"的教育途径,最大限度发挥文化育人的功能。

1.充分利用历史文化环境

营口市的历史文化资源丰富,这里有旧石器时代的金牛山猿人遗址,新石器晚期的墓葬群——小石棚,明清时期的寺庙民居建筑群等,无不体现出中华民族悠久的历史与灿烂的文明。这里也有清末帝国主义列强在辽河沿岸建造的办公大楼与住宅,抗日战争时期日本侵略者残忍杀害营口群众后掩埋尸体的虎石沟"万人坑",等等,它们是中华民族饱受欺凌的历史见证。尤其值得一提的是,坐落于西市区的西炮台是清代海防遗址,电影《大清炮队》就是取材于清总兵回崇孝率领营口军民抗击八国联军入侵的真实历史。几年来,我们充分利用这些历史文化资源,组织师生共同参与"回顾历史,缅怀先烈"等征文、演讲、讲座、知识竞赛等活动,使这一历史文化资源最大限度地发挥出育人的功能。广大教师在实践中感受着"刚健有力""自强不息"的进取精神,"天下兴亡,匹夫有责"的爱国主义情怀,"苟利国家生死以,岂因祸福避趋之"的气节情操,"艰苦奋斗"的优良作风,"富贵不能淫,贫贱不能移,威武不能屈"的高尚道德,"天下为公""世界大同"的社会理想,"兼容并包"的开放意识,等等。

2.让教师参与校园文化环境的设计与建设

步入西市区各校的校园,可以看到,校园主干道及主要活动场设有高雅

的宣传画廊、公益广告，教学楼的教室、走廊里有文明、健康、高品位的特色环境，可以感受到，四处都有一股清新的文化氛围与精神氛围，这些都是当地教师参与设计和建设的校园文化，也是我们陶冶教师性情、激活教师思想的又一举措。

如韶山小学，新教学楼竣工之后，校领导便组织广大教师，从所要体现的理念、形式、内容，到每一层楼的突出主题、每一面墙的文化特色，都要展开研究，每一位教师都要拿出自己的设计方案，先是通过全校师生的评选，再把入选的优秀方案综合、调整，以全新的育人理念设计出校园文化的整体框架，即"主题式"走廊。

一楼主题是"历史回眸"，二十余幅彩色喷涂壁挂浓缩了中华五千年的历史文明。

二楼主题是"江山多娇"，五米长的故宫博物院全景图，以及黄山、长城、布达拉宫等精美风景壁画，充分展现了中华民族壮丽的山河。

三楼以毛泽东手书《沁园春·雪》大幅壁画为中轴线，左右排列出中国历史诗、词、歌、赋的壁挂，使人沉浸在对古代灿烂文化的憧憬之中。

"主题式"走廊的设计，为这所崭新的学校渲染出浓浓的人文教育氛围。

3.让教师与"经典文化"同行

"文化育人"，只有通过形式多样的学习实践活动，才能真正引导教师们树立正确的人生观、价值观、世界观。于是，我们开辟了"文化育人"的三条崭新途径，即"练书法、学器乐、读典籍"，使教师与经典文化同行。

我国的书法艺术对人品、书品都有很高的要求。许多作品都充盈着中华民族的浩然正气。我们在教师中开展书法练习已有3年，我们的目的是想让广大教师透过古人书法作品和书法家故事，感受他们忧国忧民的爱国情怀，学习他们堂堂正正、坚忍不拔的人生准则。我们把书法练习的过程设定为三个步骤：

第一步：广泛阅读书法故事，从中体会出故事当中蕴含的民族品质和做人风范。

第二步：我们组织优秀教师精心编写了由"名句模仿，名篇欣赏"组成的书法作品集。"名句模仿"中，我们选择了诸如"业精于勤，荒于嬉""天行健，君子以自强不息"等名人的处世箴言；"名篇欣赏"中，我们选择了《满江红》《岳阳楼记》《石灰吟》等展现古人报国之志的诗篇。一段段清新隽永的话语成为教师们巨大的精神力量。

第三步为临习与创作阶段。让教师在书法实践中，养成一丝不苟、持之以恒的优秀品质。

2002年，我们就提出了打造"中国乐器城"的口号，并提出了中小学"乐器进课堂"的要求。在倡导将器乐引进课堂的同时，鼓励教师学习一种乐器的演奏，并采用集中辅导与自学相结合的方式对教师进行培训。迄今为止，有40%的教师会演奏一种乐器，韶山、清华、启文等学校先后组建了教师乐队。教师们在学习器乐演奏的过程中，感受着艺术的博大精深。

有人说："不读《论语》《老子》，不算泱泱大国之民。"由此可见，中华优秀的典籍不应成为历史，更应在现代教育中展示其应有的价值。为此，我们经过细心筛选，向当地教师提供了必读书目与推荐书目。这其中有古代蒙学书《三字经》《千字文》《论语》，书中的内容，时时闪烁着中华民族的传统美德，经常背诵就会成为做人的行为指南。为使经典书赏析活动落到实处，我们明确提出各校每月业务学习时必须有一次读书交流时间；要保证开展三项读书活动：读书心得征文活动、诗词积累竞赛活动、与学生同读一本书活动；每学期的"六一"风采展示会上，都会有师生同台的"民族经典诵读展示"。如今，典籍赏析已成为当地教师的文化大餐，经典文化中的民族智慧与情感滋养着教师们的心灵，民族优秀的艺术特征和精神品格正悄悄化为教师们的人文素养。

应该说，我们拓展的三条文化育人途径，既提高了教师的各种教育教学技能，又启迪了他们的智慧，让教师们的思想与激情齐飞，生命与使命同行。

（三）构建"学习化校园"，促进班主任队伍的专业化发展

有人说："学习活动是润泽人的一生中最积极、最有意义的生命过程。"是的，我们已经进入一个终身学习的时代，对于每个人来说，学习都是一生一世

的事，学习是生活，学习是工作。学习是促进教师专业化发展的有效措施，是新时期班主任工作的客观要求和发展趋势。几年来，我们通过"创设氛围，重熏陶；改变观念，重自律；淡化形式，重实效"来促进当地学习化校园的构建。

1.倡导"每天快乐10分钟"学习实践活动

面对迅速发展的教改形势，我们每一位老师都深深感到不学习不行了。但人总有些惰性，如果没有一个良好的学习氛围，学习就成了"空谈"。于是我们提出了"每天快乐10分钟"学习实践活动。激励教师先进行"自我发动"，严格要求自己先读书，每天挤出10分钟，或读点书，记录读书笔记，或回顾当天教育、教学实践，写些教学反思，或从网上浏览记录一些信息，与大家分享，或提出一个问题或困惑，并对照自己的工作行为和思想。目的在于，使广大教师每天都能给自己注入新鲜的血液和活力。

2.创新读书方式

为保持广大教师的读书热情，当地各校通过推选"首席学习官"，让教师写"感悟千字文"，开设"教学沙龙""师生读书论坛"，坚持"古诗词摘抄"，建立"个人学习档案包"，引导教师不断反思自己，设计自己。在反思和设计中，教师发自内心地感受到，读书是多么美好，读书是人生的需要，让学习真正成为校园生活中的主旋律。

3.创建自主化、对话式网上学习环境

随着信息技术日益快速的发展，教育信息化的重要性越来越突出。我们充分发挥校园网的优势，为教师们构建自主化、对话式的网上学习与实践环境。在这种开放、自主的对话中，有说、有听、有思考、有反思，还有思想的交汇与碰撞。每一次对话结束的时候，大家都感觉到，自己的精彩得以表达，而且更精彩的东西内化在自己的心中。这种内化，焕发的是更大的学习热情，因为教师体会到，只有多读书，读好书，才能有东西拿出来与大家共享，才会有更大的收获，真正提高教师的教育教学水平。这时，校园里教师之间的对话，已不再依赖于组织和召集，而是随时随地自然发生了。教师们深切地感到，在信息社会的今天，共享、合作学习，已成为教育工作中不可缺少的一部分，它促进教师的成长，使课堂充满活力。

(四)打造"名师工程"，增强班主任队伍的整体素质

有人说："从某一意义上说，一位好校长就是一所好学校。"从强调校长的重要性来说，此讲法有其合理性。但越来越多的教育实践表明：一位好校长再加上一批名师才是一所好学校。因为如果没有一支战斗在一线的教师队伍的配合，没有一支高素质的教师队伍，那么素质教育的贯彻实施就会成为一句空话。因此，我们积极为教师成名创设良好的条件。

早在2002年，我们就在当地实施了"名师工程"。目前，我们通过调查问卷、听课、召开座谈会、现场演讲、抽签作答等系列考察，评选出杨秀艳等9名区级学科带头人，李英姿等17名特色教师。对于这些学科带头人和特色教师，我们采取跟踪考核、年终展示汇报进行推进。在每学期之初，我们都会组织他们召开教育研讨暨任务落实会。负责行政、教研的相关同志还要定期深入一线，对他们的任务落实情况进行阶段性的检查与指导，帮助他们解决课题实施过程中的困惑，明确下一阶段研究的方向。对于当选的名师，我们除了在精神上鼓励、业务上压担之外，在物质上也给予浮动一级工资的奖励。同时，对这些教师实行动态管理，期限为一年，不断激活班主任的内在潜力和动力，从而持续提高班主任工作的质量。

如今，一批名师，以课改为中心，以学生发展为本，站在父母的角度，用朋友的方式，全方位关注学生。这批名师形成一支队伍，正迅速地成长，充分地发挥作用，而且带出一批成熟的骨干教师，培养出一批教育教学新秀，从而带动当地班主任队伍素质的提高。

一首好歌，能催人奋进；一幅好画，能陶冶情操；一句良言，能净化心灵；一位好办主任，能让学生受益众生。正如有一句话说得好："教育因班主任而精彩"，我们将继续本着"以人为本"的思想，进一步贯彻课改精神，在新形势下不断探索班主任队伍建设新举措。

关于提升小学教师素养的几点思考

上学期,西市区举办了教师语文素养大赛。本次大赛从制定方案到赛程推进,我们一直在思考:伴随着课程改革的不断深入,育人目标从"双基""三维目标"升级为"学科核心素养"。教师是落实核心素养的主体,深度学习是核心素养培育与发展的基本途径,是我国课程教学改革走向深入的必需。那么,在落实立德树人的教育大背景下,未来课堂应该是什么样子?引领学生开展深度学习,这样的新课堂需要教师具备怎样的能力?带着问题和思考,我们以研究课堂为突破点,以提升教师素养为着力点,开始了我们的教师语文素养大赛。下面谈谈我们的一些收获和反思。

一、学科实践活动课的特点

随着课程改革的不断深入,综合实践活动成为基础教育课程体系的重要组成部分。我们抓住这一前沿课题开展研究,在之前数学实践活动课研讨的基础上,我们尝试研究语文实践活动课。虽然可借鉴的资源缺乏,但各校研课团队大胆尝试、多番研磨,最终呈现出8节各具特色的语文实践活动课。这8节课特色鲜明,值得我们细细品味。

(一)基于教材,选题多样

本次语文综合实践主题的选择,教师能够打破学科壁垒,对教学内容进行重组,对各学科知识进行整合。主题有文化传承方面的《中国月文化》《福文化》,有时代热点课题的《感恩有你,致敬最美逆行者》,有阅读实践方面的《走进经典形象》《为曹操画脸谱》,有语言应用能力训练方面的《现代诗》《有趣的动物》《赞美秋天》。

(二)关注实践,形式丰富

学科实践活动课,它以"实践体验"为基本原则,提供了学生与他人、学校、家庭、社会的交往机会,不断促进了学生个体与社会及其自身文化的交融,让课程与生活融合、与社会和时代接轨。学生通过收集、调查、采访等方式,让视觉、听觉、嗅觉、触觉"全方位联动",真正落实"让体验实现、让学习发生"。"体验式行走课堂""实践式的教育模式",让学生通过多手段资料收集,多渠道实践活动,多形式成果展示,使学生想学、乐学、会学,让学习真正发生。

(三)课程思政,全面育人

学科教学承载着两个灵魂,一个是德育,一个是智育。以往我们轻德重智,所以今天我们强调立德树人。让人高兴的是,本轮课堂教学教师充分体现了立德树人思想,能够挖掘教学内容中的思政要素,立足学科来讲德育,通过创设情境、启发谈话、对比思辨、言传身教等方式,潜移默化、有的放矢地对学生进行德育渗透。实现了做不忘记学科本位的德育,完成了"德智融合"的学科教学,让我们的课堂有了广度、深度和温度。

二、教师亟待提升的能力和素养

学生在课堂与课外一样,生命都在静悄悄地成长,教师传授知识、训练能力、熏陶思想感情,就是给未成年的学生打精神的底子,打生命的底色。可以说,一堂堂课连着的是学生生命的成长,一堂堂课的质量影响的是学生生命成长的质量。所以,作为师者,守住课堂、守护学生、守望教育,这是我们的责任和担当。

(一)评价能力还有待提升

纵观我们的课堂教学,评价能力已经成为制约教师教育教学能力和素养提升的短板。主要表现在:一是教师即时性评价不足,语言单一、缺少总结、指导、提升价值;二是学生间评价缺失,有的评价与学段要求不符,标准过低,有的干脆就没有学生间的评价交流。而适时、适度地评价,不仅可以更好地激发学生的内驱力,还能为学生的发展赋能(赋予能力、赋予能量、赋予平台、赋予"我能行"的自信、智慧),使学生"想发展、在发展、发展好"。

(二)课堂预设不足,生成有限

课堂教学,有的抓不住教育点,错失教育点;有的放不开,限制了学生发展。美国教育家哈曼曾说:"那些不设法勾起学生求知欲望的教学,正如同捶打着一块冰冷的生铁。"所以有意义的学习应侧重于"求"而不是"知",好的课堂教学就是让学生亲历这些求知的过程、交往的过程,不是模拟、旁观,而是身临其境。这样课堂的实现,离不开教师课前对语文知识能力点、德育点、提升点的预设,对学生学习的难点、卡点、遗漏点的预设。

另外,学会反思对提升教师教学预设和生成能力具有重要的作用。任何活动之后,教师都要善于进行反思,找出优点,沉淀发扬,找出问题,优化改进。

(三)课程结构把握不准

语文能力训练与实践活动的结合度,实践活动对语文素养的提升点,教师把握得还不是很到位。希望随着研究的深入,能把语文与实践两大要素更好地融合,努力提高我们课堂教学的质量。

(四)厚积薄发,进一步加强知识储备

一是教师对必备专业知识储备不足,缺乏自信。教师的专业知识和教学

能力保证了课堂具有活力，以过硬的专业知识和能力就能敏锐地寻找到学科知识的本质、德教融合的途径，才能育人于无痕。

二是教师对时事关注度不够，对热点新闻折射出的问题把握得不准、不全、不深。时事热点是本次选手选择比较多的题目，但从教师现场表现来看，有的教师发表的观点要么以偏概全，要么答非所问。作为师者，如果我们都不能正确、准确地认识社会，那么如何引领学生树立正确的世界观、人生观、价值观呢？立德树人岂不成了一句空话？！

（五）不断强化研究意识和能力

一是让"边学习边教学、边研究边改进"成为教师日常的教学生活方式。学校要和教师一起做研究，帮助教师解决问题、困惑，让教师感到研究是有力量的，激发教师的工作热情和研究意识。

二是教师要聚焦自身问题，以科研课题为引领，做足大文章，在"破"与"立"的研究过程中不断提升自身的专业素养。

三是充分发挥好校本研究的作用。学校管理者要为教师做出榜样，引领教师走向前台，唤醒他们的内在潜能。在校本研究中不断提升教师课堂教学的实践智慧，不断解决教师理论与实践相衔接的问题。

四是重视研究课对素养提升的价值因素。对于教师而言，上一次研究课，就相当于进行一对一、多对一的培养。无论是对高水平名师，还是对普通教师，这都是在实践体验中获得发展的过程。它不仅促进教师教学理念的更新、教学智慧的提升，还带给了老师职业自信和职业幸福感。我觉得这一点对提升教师素养也很重要。

此外，从竞赛中我们看到，有的学校骨干队伍后继乏力，新生力量亟待培养。我们知道，教育发展靠教师，教师成长靠学习。如何提升教师的育人能力？建设学习共同体，是促进教师群体专业发展的有效路径。骨干教师成长需要经受磨砺，更需要获得团队助力！学校要把想做事、能做事的人凝聚成团队，给他们平台，他们就会发挥更大的作用。

　　面对民族复兴的伟业,教师承担着庄严而神圣的使命。不忘"立德树人"之初心,牢记为党育人、为国育才使命,为培养社会主义建设者和接班人做出更大贡献,这是新时代的师者心之所向、力之所向。

强化"三支队伍"建设 打牢教育高质量发展基础

党的十九届五中全会确定"十四五"时期,教育事业的主要目标是"建设高质量教育体系",对步入高质量发展阶段的基础教育新格局提出更高的要求。教育工作者作为教育高质量发展的重要因素,其准确的定位和专业水平至关重要。为此,西市区教师进修学校通过强化"三支队伍"建设,推动西市教育高质量发展。

一、精准施策,拓宽教研员专业成长路径

教育实践发展的现实让我们发现,教育强则国家(地区、城市)强,教研强则基础教育强,反之亦然。教研员是课程改革的推动者、执行者,区域学科首席教师的专业高度决定了区域教育质量的高度。于是,我们通过开展"五个一"活动,即阅读一本教育书(每学期)、创建一个学科团队(专职或兼职研训团队)、确定一个研训主题、确立一个蹲点学校、培养一批骨干梯队,以此构建学习型学校,致力打造专家型团队。

(一)通过"讲、看、读",引领深度阅读

"讲",即创建"百言讲堂",以"教育写作——教师专业表达和专业发展的必由之路""如何提高听评课的实效性""课堂教学如何实现深度学习"为主题,由班子引领开讲,不断提升研训员学科素养。

"看",即设立学校"悦读时光"微信群,向研训员推送时事热点、教育信息或精品专题等内容,并在群里交流学习体会,在拓宽视野的同时,分享着收获与成长的喜悦。

"读",即购买学科理论书供大家阅读,并通过"大视野 宽思维 深阅读"系列悦读分享会,将优秀体会编辑成册、推送到《营口教育》等方式,鼓励多阅读、常学习,让研训员在阅读中不断实现专业成长。

(二)通过"培训+实践"模式,促进业务提升

除了鼓励研训员参加各级各类线上线下培训之外,我们注重将培训内容转为实践操作。每一次研课,都要求研训员和教师一起备课、制作课件、审阅视频,在研课的过程中提升信息技术应用与指导线上线下教学的能力。推行了"推门式""沉浸式""主题式""订单式"调研模式,每一次常规调研,都要按照"听课—评课—写课"的程序进行,并要求研训员撰写调研报告,就存在的问题对下一步学科备课、培训、队伍建设等方面做出反思及规划调整。同时,将问题向学校反馈,布置下一阶段跟踪指导及整改工作,不同的调研方式,促进了研训员专业素养的快速提升,专业发展的自我蜕变。

此外,我们通过积极申报国家级、省级研究课题,采取"推门式"或"沉浸式"常规课调研模式,以及"一课多人上"或"一课一人多上"等教研方式,促进专家型研训团队建设,实现专业发展"亮眼"(永立教改前沿),专业引领"亮剑"(敢于质疑、引领)。

二、精良施策,促进干部队伍快速提升

(一)校级领导参加分层培训

通过主题论坛、外出培训,强化党政主要领导教育思想和管理理念的提升。18位新任职校长完成了"十三五"期间市级培训,获得校长任职资格证。组织部分校长参加省专家型、省骨干校长培训,促进校长队伍为向更高层次

迈进。

(二)学校中层干部在常规调研中接受培训

我们通过学科备课、校本研修、观摩评优等活动,强化对中层领导教育教学指导和管理能力的提升。如结合听评常规课与评优课指导并考核其评课能力;数学教材思政点汇编、语文实践活动模式探究、一师一优课专项工作、校本研修评优,每一项工作我们都是按照"辅导讲座,明目标—跟踪指导,讲方法—反思总结,促提升"这一流程进行的,不但帮助他们培养了信心、提高了能力、树立了威信,而且保证了专项工作的质量。

三、精细施策,确保教师队伍整体发展

(一)引领——加强名师工作室建设

充分发挥党员、学科"名师工作室"教研核心团队的作用,通过"三个MING",即"铭"——其核心要义是教育情怀,"明"——明职责、明身份,"鸣"——就内部而言,工作室各成员要"争鸣",就外部而言,名师工作室要"共鸣"等,实现"名师引领、团队合作、全员提高、资源共享、均衡互补"的创新教师群体,让名师工作室与一线教师真正做到同频、同向、共振、共鸣。

(二)辐射——打造学科骨干队伍

开展"西市区骨干教师队伍素质提升工程"。选出55名骨干教师,制定"立项书",通过"四渠道",进行为期两年的专业引领。

1.师德引领

带领骨干教师学法规、学身边先进人物事迹,开展"我的教育故事"征文演讲、优秀师德案例视频制作等活动。

2.科研引领

鼓励骨干教师主持或参与省市级课题研究,参与区课程改革研究、家教

研究、童学研究等,丰富了教育教学理论,凝练了教育教学经验。2020年骨干教师主持市级以上课题研究18项,占在研课题总数的60%。

3.研修引领

各校每学期开展的校本研修活动中,骨干教师承担组织、主讲、主备等任务,提升自己的同时,带动和辐射教师群体。

4.教学引领

以实施"自主教育""学科思政""学科实践活动课"为教研主题,组织骨干教师参与学科实践活动课研究等系列活动,先后完成思政精品课例集、高效课堂成果汇编、数学语文实践活动课案例集等。以张微为代表的骨干教师在磨炼中获得成长,继而形成专兼结合的研究共同体,由骨干带动教师队伍整体提升。

(三)发展——促进教师队伍整体提升

首先,通过组织骨干教师作为兼职研训员,建成学科团队,以此发挥骨干的力量,促进各校特色研修活动的构建结合当前学生课后服务现状,指导学校积极探索校本研修新模式。

其次,开展了"聚焦课堂质量,提升服务效能"常规听评课活动。采用"听—思(教师反思)—评(研训员、教学主任评课)—研(研训员研讨写调研报告)"的方式,以听"推门课"的形式,"随到随听""即听即评",强化对教师常规教学的培训指导。

最后,召开了"聚焦素养 立德树人"小学教师语文素养大赛,共设立"听、说、读、写、拼"五项竞技。与以往不同的是,在"说"的比赛项目中,除了课标题目,我们还设计了能够考察教师语文素养和思政教育能力的文学、时事热点等题目,历时2周,以赛代训,引领教师实现思政课程向课程思政的转变。

面对高质量发展的新任务和新挑战,作为教育工作者必须知责于心、担责于身、履责于行。

第四编 课程改革

"三个抓住",促进"思政课程"向"课程思政"的转变

全学科德育,就是要让思政课程以"课程思政"的形式向学科课程拓展和延伸。如何凸显学科课程本来就有的"德育"功能,在占比很大的学科课程中实现德育"全覆盖"? 如何有效、深入挖掘学科思政教育点,充分发挥各学科独特的育人功能? 如何让我们的学科思政教育在尊重知识本位的基础上,上得有情(情感)有义(意义),生动而富有感染力? 如何将"爱学习、爱劳动、爱祖国"等德育教育要求融入教学活动,引导学生将个人成长成才与新时代的追梦征程紧密相连?

一、抓关键——争做有信仰、有情怀的教师

青少年阶段是人生的"拔节孕穗期",作为教学任务的承担者、执行者与实施者——教师,承担着塑造灵魂、塑造生命、塑造人的历史重任。教师有什么样的体验,就会带给学生什么样的体验,因此,落实"立德树人"根本任务关键在教师。作为新时代教师,不能只做传授书本知识的教书匠,而要成为塑造学生品格、品行、品味的"大先生"。

古人说得好:"欲人勿疑,必先自信。"要解决学生的理想信念问题,必须要让有信仰的人来讲信仰,才能讲得敞亮、讲得深刻、讲得透彻。对马克思主义的信仰,对社会主义和共产主义的信念,只有首先在思政课教师心中扎下根,才能在学生心中开花结果。作为教师,我们要有深沉的家国情怀,要有坚

定的传道情怀，要有宽和的仁爱情怀，把对家国的爱、对教育的爱、对学生的爱融为一体，才能"感人于肺腑，动人于心弦，才能引导学生立德成人、立志成才。教师只有自己信仰坚定，对讲授的内容高度认同，对倡导的理念执着坚定，对弘扬的价值躬行，才能投入真情实感，才能讲得情真意切，才能实现激浊扬清，才能真正用习近平新时代中国特色社会主义思想铸魂育人，用"四个自信"明心立志，引导莘莘学子把爱国情、强国志、报国行融入新时代的追梦征程。

教师是立教之本、兴教之源。如果我们的教师只有德育口号，没有专业能力，学科育人就会流于空洞；如果只有专业能力，没有德育融合，学科育人就无法实现。学科育德引领了正确的方向，专业能力保证了课堂实力，以过硬的专业能力敏锐地寻找学科德育的融合点，才能育人于无痕。

二、抓基础——构建有温度、有灵魂的课堂

在全课程育人、全方位育人、全过程育人的理念下，我们的学科课程要从学科教学转为学科育人，只有心中有人，珍惜每一个孩子成长过程中不可复制的40分钟，只有精准挖掘学科思政教育点，才能充分发挥各学科独特的育人功能，才能真正落实立德树人的根本任务，回归教育初心。

对于小学来说，思政课堂无处不在，并不限于某一学科。如：思政课是落实立德树人根本任务的关键课程。它和其他学科在思政教育方面是有区别的，它的知识本位就是思政内容。作为思政教师，主要着力点应该是如何把课上好，把思政小课堂同社会大课堂结合起来，给我们的孩子讲好中国故事。

"横平竖直皆风骨，撇捺飞扬是血脉。"这是中国的文字，文字在被创造的时候，它的构造就代表了一层含义、一个道理、一种文化，甚至是我们中国人骨子里的一种精神。所以，作为语文老师，在传授语文知识的同时，要向学生传达知识背后的文化内涵，我们要做有文化的语文教育。

孩子们运用科学的方法进行科学探索，遇到困难进行质疑，然后坚持下去，找到解决问题的方法，践行了科学精神，这些都是数学课最本位的思政教

育点,也是学生在数学课最应该养成的"德行"。

体育最大的魅力就是规则,在规则允许条件下努力地赢,有尊严地输。体育课最好的思政点就是奋斗,百折不挠,不断挑战。

蔡元培提过,艺术教育具有辅德性,能够以美导善。任何艺术的呈现都是一种思想的体现,艺术教育是通过学生对艺术学习的过程所积累而成的情感体验作为道德指向。所以音乐、美术这些艺术学科,其本质的思政点就是追求美,就是对中华优秀传统文化的传承,就是让学生在不断接受这些高尚艺术思想的熏陶过程里,逐步树立正确的价值观、人生观和世界观,提高自身道德素质,建立文化自信。

《新时代爱国主义教育实施纲要》要求,把青少年作为爱国主义教育重中之重,将爱国主义精神贯穿于学校教育全过程,推动爱国主义教育进课堂、进教材、进头脑。所以,我们各学科的思政教育除了体现本学科独有的思政教育点外,还要突出爱国主义教育,因为爱国主义是中华民族的民族心、民族魂。我们思政课讲爱国,语文课讲爱国,数学课、英语课等各个学科也在讲爱国,就是要将"家国情怀,责任担当"的概念更早地植入孩子心中,这样我们的民族才更有希望。

三、抓保障——采用春风化雨、润物无声的方式

"学习强国"平台上有一篇文章这样阐释:学科思政课教学,必须把握好思政教育的内容和分寸,与学科教学内容有机结合,既不能"蜻蜓点水",也不能"用力过猛"。也就是说:学科思政教育,不能失去"学科味儿",要尊重知识本位,在落实教学目标、突破重难点的同时,要顺势而为,实现立德树人的目标。

如何让我们的学科思政教育在尊重知识本位的基础上,上得有情(情感)有义(意义),生动而富有感染力?

一是选择有"温度"的思政教育素材。

"巧妇难为无米之炊",只有选择了恰当、生动的思政素材,才能给课堂教

学效果加分。我们设计的思政点要结合学生的年龄特点,要能触动学生、打动学生、感动学生,绝不能生搬硬套,因为以理服人离不开以情感人的铺陈;必须要紧跟时代步伐,用教材,但不局限于教材,要活用实时媒体资源,让教学有时代气息。否则,教学设计再高大上,学生理解不了、没感觉,同样是"清风徐来,水波不兴"。

二是采用"灵活"的教学方式。

要把学科思政教育点讲得"有温度",绝不能只是单向地"聆听"和填鸭式"灌输",而要构建有活力的课堂,要让学生在多样的活动中发展道德认知,体验道德情感。想在浅显的知识学习中得到深刻的思政教育,我们需要一个媒介,就是我们的思政教育美化、活化、趣味化,只有将思政渗透点像抽丝剥茧、层层撒盐一样融入教学环节,让学生在感受数学世界的神奇、语言文字的奥妙等等的同时,培养学生的家国情怀、责任担当,以及勇于探索的科学精神,这样才能逐步引导学生将个人成长成才与新时代的追梦征程紧密相连。因为思政教育,不仅是思想教育,更是行动指南,当学生走出课堂,还能将我们的教育做出来,我们的思政教育才是做活了。

此外,多媒体技术教学能以其独特的形、声、景扣动学生的心弦,化无声为有声,化静为动,可以使学生跨时空进入一种极具感染力的学习氛围。同时,借助多媒体电教手段,能将思想性、知识性、艺术性融为一体,是增强思政教育感染力的重要手段。

作为研训部门和学校,要乐于、善于为教师成长搭台。

一是要和教师一起做研究,帮助教师解决问题、困惑,让教师感到研究是有力量的,激发教师的工作热情和研究意识。

二是要通过建设学习共同体,促进教师群体专业发展。要把想做事、能做事的人凝聚成团队,给他们平台,让他们发挥更大的作用。

三是要通过营造"尊重、激励、支持、包容"的文化,让"教师站在中央",这样教师才会让"学生站在中央"。让课堂教学更加符合教育规律,更能促进人的全面发展,为中华民族的伟大复兴培养更多优秀的社会主义建设者和接班人。

新课程理念下小学数学新型课堂的建构

新课程改革犹如阵阵春雷滚过,对我们传统的课堂教学产生了巨大的冲击。这不得不让我们现代教育工作者重新来审视数学教育的真谛。反思一下,过去我们的数学教学对知识领域关注过多,过于关注教师的教,忽视了人的一般发展。数学课程新标准提出了发展性领域的课程目标,目的就是开展促进人的发展的教育,要求数学教学更多关注学生的生命过程,特别是学生的生命发展未来,帮助他们在自主探索的过程中真正理解与掌握基本的数学知识和技能、数学方法,同时获得广泛的数学活动体验。这就要求我们现代教育工作者要彻底转变观念,要从讲坛的"独奏者"角色变为"伴奏者",从传授知识的"权威者"变为学生思考的"激励者",成为学生学习的顾问、交换意见的"参与者",以促进学生学习方式、思维方式发生质的飞跃。

一、向学生提供自主实践、交流的机会——变"封闭课堂"为"开放课堂"

我们教育的对象是小学生,但小学生也有思想、有观点,这就需要我们给孩子们创设自主实践、交流的机会,这样学生的思维才会随之活跃,独创性和聪明才智方能得到较好发展。一提到这,很多教师便想到我们教学的主阵地——课堂,费尽心思给学生创设空间和机会。我们认为,这样做还远远不够。重点课上,不忘课下,要跳出课本,走出课堂,要给孩子课前自主探索的机会、课中充分实践交流的机会、课后个别沟通的机会。

（一）课前自主探索的机会

现代学生知识的起点不是从零开始的，把教材上的内容作为课堂教学的全部以便满足学生的求知欲望，是激发不了他们的学习兴趣的。因此，我们应结合适当的教学内容，给予学生课前自主探索的机会。教学时可通过让学生根据课前预习的实践体验活动，汇报自己的想法及碰到的问题，并围绕其问题展开讨论。这样既可以培养学生自主学习的能力，又促进学生思维、分析、概括、验证、表达等能力的发展与提高，让课堂向课外延伸。

（二）课中充分交流的机会

在平时教学中，经常会出现一些学生在整节课乃至很长一段时间内，课上根本无提问发言的机会，他们只能长期当"观众"和"听众"。反思一下，主要原因是作为教师的我们没把学习的主动权交给学生，学生根本无机会交流。而克服这一弊端最好的方法，就是采取合作的学习方式，给学生创设充分实践、交流的机会，让学生在组内交流重点，组间质疑、解疑，真正把问的权力交给学生，把读的时间还给学生，把讲的机会让给学生，把做的过程放给学生。

教师应善于抓住有利于学生合作学习的内容和机会。如：运算定律的推导、数学综合实践活动等内容，可以采用合作学习的方式。学生遇到新知识、需要新能力时，遇到大家都希望解决的问题且有一定难度时，当意见相反且有必要争辩时，教师也要适时开展合作学习。让孩子在合作中学会交流、学会理解、学会合作，正确地认识同伴和自我。

（三）课后个别沟通的机会

课堂教学的时间有限，有些学生总带着遗憾而下课。他们还有很多问题向与老师交流。因此，跟学生课后个别沟通，是我们在教学中应非常重视的一点。在教学实践中，教师应养成利用课间或课余时间，继续与个别学生就某一个问题进行讨论的习惯。并对他们的行为给予鼓励和奖励，从而形成全班同学有问题就讨论的学习习惯。

课后个别表达、交流的内容大致有3类：①课本中一些疑难问题尚未理解；②一些知识的延伸问题；③在外面接触的数学竞赛问题。不管哪类问题，学生如果有个别表达交流的愿望，教师就应给学生提供个别沟通的机会，从而解决全体与个体需要之间的矛盾，使学生始终以饱满的热情投入学习，真正实现课上带课下，课下促课上。

二、实施"问题本位"教学——变"静态呈现"为"动态生成"

"发明千千万，起点是一问，禽兽不如人，过再不会问。智者问得巧，愚者问得笨。人工胜天工，就在每事问。"这道破了"问"在整个教学过程中的重要性。

北京市教育专家李烈在一次讲座中说："学生不提问题不是没有问题，没有问题才是最大的问题。因此，评价一节课的好坏，重要的是看孩子有没有问题，能不能提出问题。"的确，问题是思维之源，有了问题才能证明已引起学生思维的交锋，这时候他们有思想，有思考，真正投入学习。因此，在教学实践中，教师应努力多留给学生质疑问难的时间，给他们留有思考与质疑的余地，逐步教会学生探求问题、提出问题、自己解决问题。因为问题的提出和解决的过程，实际上就是学生探索和创造的过程，是学生深入学习、思维活动的一种体现。

当然，在教学实践中也会遇到学生提出的问题过多、过浅或提不出的情况。对此，我们可采取相应的策略：①学生提不出问题或提出的问题没有深度甚至没有价值——高度开放，鼓励提问；②学生提的问题过少或未触及教学重难点——突出重难点，增补质疑；③学生提的问题过多——树立信心，教给方法；④学生提的问题意思不明——广开言路，相互补充；⑤学生提出的问题，老师也解决不了——实事求是，课外延伸。

这样，通过教学鼓励学生善于发现问题、敢于提出问题、乐于解决问题，使他们真正以一个主人的姿态投入学习。

三、创设数学实践活动——变"远离现实"为"走进生活"

随着数学学科自身的发展，数学已经遍及人类活动的所有领域。人们已经普遍认识到，数学是一种工具，数学是一种语言，数学更是一种文化，它是提高人们思维能力的推进器，与人们的生活密不可分。为此，在教学中，教师要遵循数学课程标准的理念，让学生在生活中找数学、学数学、用数学。应根据学生的数学现实，让学生理解数学、发现数学，有意识地引导学生把现实问题数学化，把数学知识生活化。创设的情境、选择的教具和学具等，都应尽量取材于学生的数学现实，让学生感受到数学来源于现实、扎根于现实、应用于现实，让学生体验到学习数学能使自己更好地思考、表达、交流、创新，并解决实际生活中的问题。特别是在积极倡导课改的今天，我们更应努力让学生在数学应用中、在生活实践中使知识得以验证、完善，从而不让教材成为学生的世界，而让世界成为学生的教材。

如：教学"轴对称图形"后，可要求学生走出校门，找一找生活中哪些物体是对称的。学生在观察后会发现房子、汽车、蜻蜓……竟然是对称的。

在学习"比的意义"时，让学生了解自己身上有许多有趣的比：头发与身体的比为1∶7，身高与胸围的比为2∶1，身高与脚长的比为7∶1，等等。让学生收集、了解一些有趣的比在实际生活中的应用，像根据这些比，可以剪裁衣服，可以用来绘画，公安人员凭借犯罪嫌疑人的脚印可以算出他的身高，等等。

经过这种亲身的体验、实地的触摸，相信这些内容对学生将是终生难忘的。更为重要的是，学生对实际生活中多姿多彩的现象有了一个本质的认识。

当然，重视数学应用能力的培养，强调理论联系实际，绝不是让学生事事从实际操作开始，绝不是每一种间接知识都要学生去发现，而是根据教学大纲以及教学目标，遵循学生的认知规律，有目的地培养学生一种应用数学知识的意识，尽可能地让学生了解数学知识产生的实际背景、来龙去脉，参与知识的形成过程，以便增长学生的实践能力。

夯实素养导向 让深度学习真正发生

——从"知识"到"素养"的跨越,以语文新型课堂的建构为例

尊敬的各位领导、老师:

　　大家下午好!

　　刚才,几位老师围绕论坛主题,展开了深入的探讨,关键要素无外乎三个方面:学生、教师、课程。我认为,在学校教育活动中,教师是根,学生是本,课程则是实现育人目标和方式根本性转变的重要载体,是桥梁。

　　教师是立教之本、兴教之源,要实现教育观念的转变和课程变革,基础要素是教师。就像刚才有的教师发言时谈到的:"发展学生核心素养的前提,是这些素养在老师的思想里植根,在老师的言行里体现。"我们教育改革的目标,就是更好地解决和完成"培养什么人""怎样培养人""为谁培养人"这些根本问题,也就是要培养德、智、体、美、劳全面发展的社会主义合格的建设者和接班人。

　　下面,就论坛主题,结合我区开展的学科实践活动研究,谈谈我们的思考和做法。

　　教育的高质量发展就是满足人民日益增长的对优质教育需求的发展。在高质量发展时代,我国对发展中国特色优质教育的根本、方法、重点、路径都提出了明确的要求:根本是要坚持立德树人,改革要指向民族初心,教育才能扎根中国大地;方法是扩大视野,在担当民族复兴大任和立足百年未有之大变局的定位下,树立新的追求;重点是要追求内生的文化自信,追求自觉的育人境界,充分体现以创新精神为核心的时代精神;路径是要抓住理念更新、

课程重构、育人方式变革的主线,推动学校整体变革,创新教育体制机制。

要实现教育高质量发展,要完成从"知识"到"素养"的跨越,必须做到"准确识变、科学应变、主动求变"。

一、教师要"改变"——让教师的"变"引领学生的"变"

这个"改变"涉及两个方面:

一是理念更新。

要发展优质教育,首先要改变的是教师的育人思想和理念。教育改革就像登山一样,我们在登山途中,离山顶还很遥远,看不到山顶,但不能因为看不到山顶,就否认山顶的存在。广大教师要直面改革,敢于迎接新的挑战,这样才能改变目前的教育生态。我们要明确:我们的课是促进学生生命成长的课;我们的学,是教会学生学生活、学做人;我们的教,是对学生学习的陪伴与指导;我们的教育,不仅仅是传授知识,而是生命与生命之间的交流。

教师不能只做传授书本知识的教书匠,而要成为塑造学生品格、品行、品味的"大先生"。何谓"大先生"? 第一,"大先生"要有大格局、大情怀。作为教师,我们要将自己所从事的教育事业升华为国家民族复兴的事业,因为今天教育的模样就是明天中国的模样。我们要跳出教育看教育,放眼世界做教育;要关心国家大事,关注世界局势,并要站稳"中国立场";要守正,更要创新,这样才能让我们的教育顺应时代发展,助力学生未来。第二,"大先生"要有大学识、大智慧。孔子弟子三千,不仅一视同仁,而且因材施教。不同禀赋个性的弟子问仁、问孝,回答各异,但殊途同归,展现了大先生之大智慧。如今,中国进入高质量发展阶段,物质丰裕,信息发达,学生成长面临着更多新的挑战,"培根铸魂,启智润心"更加需要大智慧。因为,教育是一扇窗,看得越远,世界就越近;教育是一扇窗,开得越大,世界就越小。第三,"大先生"要有大技艺、大匠心。要想成为"大先生",在做到有教无类的同时,必须培养自身的"工匠精神",它是一种专注、是一种严谨、是一种态度,更是一份坚持。它需要我们在自己的学科领域精耕细作、精益求精,在教学手段方法上因材施教、与时俱进,在每一节课、每一次教育行为中真情投入、完美呈现。因此,作为师者的我们,都要有当"大先生"的志向,都要以"大先生"的标准不断提升自己。正所谓:"取乎其上,得乎其中;取乎其中,得乎其下;取乎其下,则无所得矣。"

二是专业发展。

以往提到教师发展,我们常常提及的是"师德和师能",随着课程改革的全面深化,我们又提出了教师的专业发展,而教师的专业发展不仅包括"师德、师能",还包括"思维教育"。

教师专业发展的核心问题是师德。师德师风建设必须以培养"四有"好教师为目标,因为在育人工作中,最打动人心的,最影响人生的,往往是教师的道德风范。

思维改变世界。教师专业发展的关键在于思维教育。现在是创新时代,科学技术日新月异,今天培养出大量的创新人才,才能适应未来社会的变化。所以,教育的重要目标之一就是培养学生批判性、创造性的思维能力和实践能力。从某种意义上说,教学的本质就是要改变人的思维,而思维可以改变世界。

二、课程要"改变"——聚焦核心素养,引领深度学习

我国基础教育课程目标经历了从"双基""三维目标"到"学科核心素养"的发展过程。应该说,每一次都是飞跃,都带来课程体系结构、课程内容、教学过程乃至考试评价的变化。这是课程目标变化所引发的"牵一发而动全身"的结果。特别是《教育评价改革总体方案》的出台,对于促进中小学课堂教学由知识本位走向素养本位、由"育分"走向"育人"起到积极的推动作用。

当前,智能机器大量出现,部分传统职业已被替代,甚至有人认为教师和教学也可能被替代而消失。在这样的情形下,我们不得不思考:在智能化时代,真的不需要教学了吗?真的不需要教师了吗?当然,那得看是什么样的教学。刚才谢恒老师说的一个观点,我非常赞同:我们永远不要做一个可以

被"百度"替代的语文教师。我们必须严肃思考：教学究竟应该是怎么样的？教学存在的意义和价值究竟是什么？事实上，教学的价值和意义一直都是培养人，但智能时代让它的意义和价值更加鲜明，不能再被忽视。因此，当机器已不仅仅以存储为功能，而开始像人一样思考的时候，我们必须清醒地意识到：教学绝不仅仅是知识传递，知识学习本身也只是培养人的手段，教学的最终目的是实现学生的全面发展。因此，帮助学生在知识学习中形成核心素养，在知识学习中成长与发展，成为教学的首要任务。

从2014年深度学习教学改进项目启动以来，大家逐渐达成共识——课堂教学改革再进行下去，一定是走向深度学习。深度学习，既从学生立场出发，直指学生有深度、有意义的学习，又从教师角度切入，引导教师在对教学做系统思考和相应研究的基础上进行教学设计，形成有个性的教学活动方案，并在实践中不断改进。所以，"深度学习"项目不主张为教师提供一个现成的、固定的教学法或教学模式，而是定位于让教师掌握思考教学问题的基本方法，搭建探索教学的"脚手架"，通过不断改进达成教学的更优状态。

学科实践活动作为新课程改革倡导的一种重要教学方式，是学科常规课的延续和必要补充。它以"实践体验"为基本原则，通过"体验式行走课堂""实践式教育模式"，以问题链、任务单的方式，让学生在实践中实现与他人、学校、家庭、社会的交往，进而让课程与生活融合、与社会和时代接轨，最终引发学生深度学习，实现学生素养提升。

当然，核心素养不能直接培养，学科核心素养是学生通过完成情景，在探索任务和项目等要素的过程中来实现提升的。要想真正做到学生素养的提升，我们的课程需要改变以前记忆性学习，要遵循"四项"原则：

一要倡导课程的整合性。这个整合，可以是学科单元内的知识、学科单元间知识的整合，也可以是跨学科知识的整合。

二要完成内容的结构性。学习内容，要追求适度"超标"与拓展，实现从单一知识到结构性知识转化的学习。

三要体现方法的开放性。采用"内容链接实践、课堂链接生活、学习链接未来"的教学方法，让学生完成从浅表性知识到学科思维方法再到学科本质的学习。

四要实现设计的生本性。教学设计不应是怎样教学生,也不是怎样教学生学,而是要设计怎样教。学生能够主动地学、创造性地学、个性化地学,要体现"问题驱动、探究活动、交流互动"的思想,要带领学生走向科学的学习,让学生感知知识的力量,关注知识背后的文化与精神。这应该成为我们教学设计的方向和重点。

聚焦核心素养培育,必然会引领和推动课程设计、课程实施和教学方式的变革。我们开展了一系列学科实践活动研究工作,并组织研训员和骨干教师编写了一套语文实践活动的区域参考案例。我们还设定了机动课时,各校可以根据参考案例、学生的年龄特点、实际情况,结合学校特色、少先队活动以及时事等安排主题活动。主题活动的顺序、课时,教师可以自行调整。此外,学生在主题实践活动中,要经历调查、访问、测量、编辑、报告、绘画、幻灯片制作等一系列过程。学生在实践中提升了解决问题、与人交往等能力,让"双减"要求落到了实处。

为确保参考案例成为学生学习方式转变的一个有效载体,使用时,我们指导教师做到"四要":一要内化每一个主题的编写意图;二要把每一个主题活动中设计的实践活动落实到位,要参与学生的整个活动,及时指导、及时评价;三要每一个主题可根据本班学生的实际对内容、方式等做适当调整;四要关注每一位学生,让不同层次的学生都有所提升,让学生都能感受到语文学习的快乐和成功的喜悦,进而引发学生由内而生的文化自信。

三、学生要"改变"——转变学习方式,让学习真正发生

学科实践活动让学生拥有了学习的主动权、话语权、决策权,真正经历了发现问题、解决问题、反思提升的过程。活动过程彰显了"激活心动、促进身动、引发神动"的策略,在评价中坚持了"学得主动、教得生动、课堂灵动"的标准,并以此引领和撬动学习方式的改变。中国教育学会第33次年会提及一些好的教学模式,如情境教学、差异教学、"活教育"、生涯教育等,共同点都是关

注学生、研究学生，采用挑战性的学习方式，让学生通过动手、动脑、动心，触及知识的根源，知道知识的来龙去脉和相互关联。通过任务完成的过程去培养学生核心素养、创新能力，进行高阶思维训练，等等。像这些不同的教学模式，其目的都是引发学生的深度学习，真正实现"学为用而生""知行合一"的目的。

那么，如何让学习真正发生？我们认为有3个要点。

一要实现个性化高效学习。今天我们研讨交流的学科实践活动，可以说是实现学生个性化学习的一个很好的范式。它打破了学科的边界，打破了班级甚至是年级的界限，为学生打开了新的窗口。在这个学习过程中，学生可以自主选择合作伙伴，采用自己擅长的学习方式，为学生的个性化发展提供了更大的空间和更多的可能。它让课堂从"传递中心"走向"对话中心"，从"记忆性教学文化"转变为"思维性教学文化"。它不再是整齐划一的同步教学，而是以主题为中心，组织探究性的单元学习，师生成为学习的共同体，共同经历，彼此滋养。一节课下来，学生不仅学懂了本节课的知识，还会由此产生很多想法，能够举一反三、触类旁通，而不是这节课的内容做完了就是高效了。学科实践活动让学生的学习在真实情景中，在完成挑战性任务中进行，由倾听者、参与者、旁观者真正成为活动的实践者、问题的提出者和解决者，实现个性化学习。不过，有一点大家还要明晰：个性化学习不是个人学习。

二要倡导实践性学习。这个"实践性"可以从两个方面来理解。一方面，要树立"生活即学习、活动即课程"的理念。教师要为学生解放空间，引导他们走进社会生活和生产实际中进行体验学习；为学生解放时间，指导学生进行自主探究、主动学习，并能够应用所学的知识解决实际问题。在这个学习的过程中，知识的学习只是提供了一个平台、一种手段、一个机会，它重在通过学习的过程，让孩子学会"求"的方法，激发更深入去"求"的渴望，而不是知识掌握本身。我们要明确，教科书不过是资料的一种而已。正如北京李希贵同志说的："过去，教科书是学生的世界；今天，世界是学生的教科书。"另一方面，要打好步入社会的基础。孩子们最后要走向社会，学校是人生走出家庭、走向社会的第一个公共场所，是人生社会化的第一步。儿童进入学校，不仅学知识,更重要的是要学做人,要让孩子们从小认识社会、认识他人,懂得尊重他人,尊重他人的价值观。事实上,很多行为表现有问题的孩子,首先表现为社交技能的不足。有的学者提出要培养学生的领导力。所谓领导力,不是去领导别人,而是首先认识自己,能够与人交往、沟通,能够与人合作。学科实践活动,就是要通过创设情境、走进生活、步入社会,让学生在学习的过程中,学会与他人交往、与他人沟通、与他人合作。

三要从问题出发,发展学生的创新意识和能力。未来世界的竞争实质就是人才的竞争,人才竞争实际上就是创新能力的竞争,因此发展创新能力是国家发展的要求,是人才培养的需求,更是未来教育的追求。

问题是思维的起点。任何思维过程总是指向某一具体的问题。问题又是创新的前提。一切发明创造都是从问题开始的。新课程的一个重要理念,就是强调问题意识。

优秀的教师一定要善于引发学生的认知冲突、制造认知矛盾,在解决这些冲突和矛盾中,形成比较和"斗争",因为没有比较就没有鉴别,没有"斗争"就没有思维。教师就是要"一石激起千层浪",让涟漪不断、思维不止。

同志们,从2019年提出,如何在课堂中落实核心素养开始,到2035年,再到2050年,我们的教育站在一个新的路口。当今社会已经进入数字化时代。大数据、互联网、人工智能正改变着人们的工作和生活,也改变着教育的生态和方式,但教育的本质不会改变,立德树人的根本目的不会改变。无论是培养学生,还是提升教师,只有站在"立德"的高度,我们的视野才会更宽广,可持续发展的可能才更大。

最后,我用自己非常喜欢的一句话,结束今天的发言:"教育不是把篮子装满,而是把心点亮。"

（系省学会年会"微论坛"发言材料）

小学数学学科本位下的德育渗透

数学学科的德育渗透,主要体现在两个方面:一是显性德育渗透;二是隐性德育渗透。对于数学教师来说,"课程思政"育人无处不在。

一、精心把握,让显性德育渗透点最大化

所谓显性德育渗透点,就是指数学书每一课的那些情境图,这些情境图虽然都比较贴近学生的生活,但大部分都是"创设情景+问题串",其中的显性德育渗透还需要老师用心去挖掘。

如:《捉迷藏》一课中,"游戏文化的传承、孝道的传承"都是我们可以挖掘的显性德育渗透点。《快乐的小鸭》一课,教师可这样导入:"竹外桃花三两枝,春江水暖鸭先知",瞧,一群可爱的小鸭子来到河边,说一说,你们发现了哪些数学信息呢?这样引入新课,就把语文的古诗词文化和数学课巧妙地整合起来了。其实,上述这些恰如其分地挖掘显性德育渗透点,就在我们身边。它可能是几句古诗或一本名著,可能是一句俗语或发生在我们身边的实事。我们相信,只要教师潜心思考,用心挖掘,在自己的课堂上,像这样的显性德育渗透点之花一定会竞相开放。

二、细心挖掘，让隐性德育渗透点突显化

所谓隐性德育渗透，其实就是指数学思想方法，主要包括3个基本思想，即抽象思想、推理思想、模型思想，这3个基本思想可以细化为中小学阶段常用的20多种思想方法。

很多老师觉得，这些抽象的、高大上的专业化思想，都是在数学家和数学教授的著作中出现的，我们自己都不是很明白的，又怎么能渗透在我们的数学课堂上呢？其实，大家每天的数学课堂教学中都有这些思想方法，只是因为没认识到自己在教。

下面以在小学数学课堂经常出现的3种数学思想方法来探讨。

（一）转化思想，让数学学习更有序

什么是转化思想呢？转化思想就是直接应用已有知识不能或不易解决该问题时，把需要解决的问题不断转化形式，把它归结为能够解决或比较容易解决的问题。转化思想是攻克各种复杂问题的法宝之一。

转化思想除了能化抽象为直观、化繁为简，其实在数学的四大领域中，最常见的还是化新知为旧知。如关于"数的意义"教学，先认识计数单位个、十，再认识百，再认识千、万，再认识亿。关于"四则运算"教学，小数乘除法和整数乘除法的转化，分数除法借助倒数转化为分数乘法的运算，还有整数运算律在小数、分数运算中同样成立，这也是转化的应用。关于"图形与几何"教学，如想求三角形的内角和，其中的一种方法就是学生通过操作（撕一撕、拼一拼）把三个内角转化为一个平角而得出三角形内角和为180°的结论，我们求多边形的内角和就可以转化为若干个三角形求内角和了。再如我们课堂上教学的面积公式、体积公式，处处都体现了转化思想。

（二）类比思想，让数学学习更透彻

和转化思想如影随形的另一种思想，就是类比推理思想。它不是简单比

较。类比是在比较的基础上进行的推理。

如："概念"的类比，分数和百分数通过类比而找到联系和区别，周长和面积通过类比而使得概念和表象更清晰，圆和其他平面图形通过类比而使学生感受到曲和直的差异。"线、面、体的类比"，线段有长短，用长度单位来计量，平面图形有大小，用面积单位来计量，立体图形占的空间有大小，用体积单位来计量，但本质上都是累加，面积公式和体积公式在探索、推导和方法上是相通的。

通过类比，发现相同点和不同点，才能更好地去转化。类比是发现数学问题和获取新知识的重要方法，能够实现知识和方法的正迁移。

(三)数形结合思想——让数学学习更清晰

数形结合思想大致分为2种：一种是以数解形，另一种是以形助数。以数解形，在教材中出现不多，教材中基本上是以形助数。

如：低年级借助直线认识数的顺序，高年级画线段图帮助学生理解分数乘法应用题的数量关系；通过计算三角形内角的度数，可以知道它是什么样的三角形；位置、正反比例关系图像、统计图，使学生体会代数和几何之间的联系，把抽象的枯燥的数据直观地表现出来。

可能这些思想方法的渗透，一两节课还看不出什么效果，但如果我们能有意识地将这颗种子种在学生心中，它就一定会有破土而出的一天！

语文教学中如何落实"课程思政"

语文课程的思政像数学学科一样,包括显性德育点和隐性德育点。所谓显性思政点,就是教材中每个单元的人文要素;而隐性思政点,就涵盖在语文学科的核心素养中。下面结合语文核心素养来谈谈在语文教学中怎样把隐性思政点落实。

一、语言的构建和运用

在语文的核心素养中,语言的建构和运用是首要的基础部分。如何在语文教学中提升学生的语言的构建和运用呢?

我们先以《飞向蓝天的恐龙》一课第3—4自然段教学为例,谈如何进行语言的建构和运用。

以往我们的教学方式常常是:教师问,学生答。在一问一答中,学生只是读懂了课文内容。

> 这部分的主要内容是什么?
>
> 恐龙是怎样演化成鸟的?
>
> 最后的结论是什么?

在具体教学中,张老师将这一个个问题变化,让学生做解说员,在指导过程中，启发学生思考"繁衍"的意思，从而让学生理解恐龙逐渐增多，还让学生对"推测"进行理解，了解为什么对恐龙的演化不准确，就这样，变成了说话练习。

这样设计，不仅使学生了解了课本内容，还训练了语言能力。在这期间，教师还适时地提出一个问题：你觉得他们对恐龙演化成鸟类的过程推测合理吗？学生表达后，教师适时得告诉学生，合理的推测来自考古。让学生了解了考古对我们人类的重要性：考古工作是一项重要的文化事业。这样的说话练习，既训练了学生语言的建构，又落实了我们学科的思政点。

又如：《猫》和《母鸡》这两篇课文，都是老舍的作品，我们可以对比两篇课文表达的相同之处和不同之处，在对比中让学生积累语言，同时让学生明白朴实的语言表达胜过华丽词藻的堆砌。

又如：学习《军神》一课，结合本单元语文要素，通过课文中动作、语言、神态的描写，体会人物的内心，教师可以引导学生围绕"刘伯承心里在想什么"这一问题，研读语句，甚至我们可以让学生转换角色，站在刘伯承的立场上去体会，帮助学生建构语言。只要言之有理，我们都要予以肯定。在建构中，在表达中，让学生去体会革命英雄主义精神。此外，我们可以适时播放中印边界冲突中烈士的照片，让学生感受军人的这种革命英雄主义精神处处都在，告诉学生：英雄不分时代，英雄就在身边，甚至英雄就和我们同龄。我们要牢记："清澈的爱，只为祖国。"

二、思维的发展与提升

思维的发展与提升是指学生在语文学习过程中获得的思维能力发展和思维品质的提升。如何在语文教学中进行这一核心素养的训练呢？

以习作课《我的奇思妙想》为例，我们教师教学时都能用教材里的图示来引领学生构思。张老师不仅利用图示发展学生思维，还在学生思维瓶颈处提升学生思维，充分利用课前搜集的资料，在课上助推学生想象的广度。学生的思维被打开而畅所欲言。当一个学生说要发明抄题笔的时候，张老师没有放过这个思政点,追问学生:你为什么发明它? 这使学生明白:这笔不能用在考试和不劳而获上,而是在遇到问题、解决问题时使用。这样既拓宽了学生的思维,又做了价值观的引领。

不过,我有一个补充,那就是当学生对自己的发明目的不够明确的时候,教师可以引入《海底两万里》中潜水艇造型的语段,告诉学生:凡尔纳万万没想到,150多年前他所构思的东西变成了现实,解决了人类的问题,推动了科学的发展。

之前,张老师是针对学生发明的生活价值进行思维提升、价值引领;现在,加入这样的引导,是对人类进步、社会发展的价值而言。这又是一个思维的提升和思政点的落实,可以为学生建立一个更高层次的价值观。

三、审美的鉴赏和创造

语文教学的任务之一是带领学生学会审美的方法。在语文活动中体验、欣赏、评析语文作品,从中感受到美的事物,并且自己也能发现美,用语言创造美。

如:在学习《火烧云》一课,鉴赏文章语言的修辞美,想象美的同时,让孩子们感受到自然之美;在《祖父的园子》里,带领学生领略语言的朴素美的同时,感受童年的生活美;在《颐和园》中,引导学生发现文章结构美的同时,学会鉴赏其中的建筑美、文化美特别是园林之美。

以上是关于写景、写人、写事方面的记叙文。其实,不同体裁的文章蕴含着不同的美。如学习现代诗《短诗三首》,我们可以带领学生鉴赏现代诗的韵律美、结构美、意境美以及人文美。学习议论文《为人民服务》,可以让学生感受语言准确、说理精当的特点。学习说明文,要让学生感受语言的准确、说明方法的精妙以及说明的意图。

总之,语文教学就是让学生感受到:大千世界,万事万物,各美其美,美美与共。

四、文化的理解和传承

"文化的理解和传承"是指学生在语文学习中，能继承中华优秀传统文化，理解、借鉴不同民族和地区文化的能力，以及在语文学习过程中表现出来的文化视野、文化自觉的意识和文化自信的态度。

从这个概念来看，涉及三个动词：继承、理解、借鉴，涉及三个短语：文化视野、文化自觉、文化自信。

继承指的是能借助语言文字，体会中华文化的博大精深、源远流长，使得中华优秀传统文化延续下去。如古代有神农尝百草、大禹治水、精卫填海、愚公移山等民族精神，现代有井冈山精神、长征精神、鲁迅精神、雷锋精神等等，这些构成了蔚为壮观的精神群体。我们要培育学生的民族精神，必须要弘扬中华民族的优良传统文化。

理解包含两个方面：一是理解并认同中华文化，形成热爱中华文化的感情；二是理解、包容不同民族、不同区域、不同国家的文化，尊重多样文化。如战老师执教的《咏柳》一课，就涉及理解、继承，涉及文化自觉、文化自信。

借鉴是指我们在立足于中华文化的基础上，借鉴其他民族、区域、国家的文化。借鉴要求同存异、兼容并包。如六年级下册第二单元显性思政点是跟随外国文学名著的脚步去发现更广阔的世界，隐性思政点就是理解、借鉴及文化的视野。我们的课堂该如何落实呢？首先，教师要捕捉到教材里的传统文化现象、文化知识；其次，将概念具体化、将专有名词形象化；最后，通过语文活动让学生体验古今中外优秀文化，形成自己的理解。

落实学科思政，关键在于教师。教师要抓住每个教育时机，用恰当的方式去渗透在教育活动中的每一个环节，就是善于挖掘学科思政点。

"双减"背景下作业的使命

各位领导、老师：

大家下午好！

我和大家交流的是"双减"背景下，如何进行作业设计的一些思考。

课程改革目标经历"从双基到三维目标、到学科核心素养"的发展过程：①从教到学的层面，就是教师教的内容（复制粘贴）把简单的信息转移给学生；②从学到学会的层面，就是经历了信息加工（要有学生的思考、实践、反思）；③从教到学的层面，还是浅层学习，是教书；④从学到学会，才是深度学习，完成育人目标。基于此，我们尝试着以作业作为切入点，完成从学到学会的跨越。

提到作业，我们想到的就是传统教学的一个环节，是巩固知识，为课堂服务。"双减背景下"我们要重新审视关于"作业"的定义，我们提出：作业是教师引导学生开展自主学习，承载学习内容、体现学习方式、实施过程性评价的任务。

如果说课堂是老师组织学生开展学习，那么，作业就是学生自主开展学习活动。作业的设计至关重要，作业作为评价的指挥棒引领着课堂教学。所以，我们认为：

一、作业的第一个定位就是融通性

我们要去设计与课堂教学融通的作业，让作业融到学习的全过程，成为促使课堂体现自主、合作、探究等学习方式的载体，借作业研究带动备课改进，从教学设计转向学习设计。

以教学"平行四边形面积"为例，谈谈我们的思考。从单元的视角，多边形的面积包含平行四边形的面积、三角形面积、梯形面积，这三节课都是用转化的方法把新知识转为旧知识，在方法上是同构的。平行四边形作为单元的起点，是一节种子课。本次课的设计打破以往设计的思路：以前更多关注自己的设计，先创设一个博眼球的情境，绞尽脑汁想新点子设计新花样，来展示教师的水平；现在设计这节课，我们的理念是希望看到默默操作、记录、间或讨论的学生，默默退出的教师只是给空间、给资源、给任务、给支架，只是课堂教学的组织者、协作者，我们希望看到，学生探究知识来龙去脉的学习过程真实发生。

二、作业的第二个定位就是思维性

我们的思路就是从结论倒推原点，我们叫它逆向设计；我们的抓手就是从作业设计入手，倒逼我们的课堂教学的改变。

以前的课堂是：老师教什么，学生学什么；现在的课堂是：学生课前预习作业中产生困惑和遇到的问题，成为课堂学习内容。

以前我们的作业更多的是单一知识点的呈现，教师讲授式教学与之匹配；而今天，我们追求的作业设计是知识点的综合运用，我们的课堂是思维性学习设计。

在这样思路的引领下，我们设计的作业尽可能让简单训练部分缩小，深入思考部分加大。让思考代替机械记忆，让深度学习代替浅层学习。此时，作业不再是练习的概念，而是一种任务、一种活动，是对孩子进行高阶思维的训练。

作业单呈现若干模块的题型,我们是让学生选作。开始实施这种选题模式时,学生是蒙的,以前都是按顺序从头到尾做,一旦放手让学生自主选择,学生反而手足无措。这种自主选择,实际上也是对学生思维的一种训练。

三、作业的第三个定位就是评价性

评价包括总结性评价和形成性评价。总结性评价是用一张卷纸用分数、排名进行的横向比较。作业属于形成性评价,它关注的是学生学习的过程而不是结果,属于纵向比较,关注的是学生自身的成长。

四、作业的第四个定位就是整体性

课后作业单,我们课上有时间可以完成一部分。以前,我们对作业狭义的理解是,只是作业,只是嵌入教学的最后一个环节;而广义理解的作业,它包含了预学作业、随堂作业以及课后作业,打破课前、课中、课下的界限,整体来设计,在不同的学习环节,选择设计不同功能的作业来支持有效学习,这就体现了作业的整体性。

本节课我们就是以2张作业单贯穿教学始终。

首先是需要承载预学任务的预学单。问题是:你以前学的知识对探索平行四边形的面积有帮助吗?这个点沟通前后知识间的联系。

接着是随堂任务制定的学习单。根据学习单的要求,学生以独立自主或合作讨论为学习形式,运用操作、猜想、分析、实验、推理、归纳、发现等学习方式,探索平行四边形面积公式,帮助学生形成主动探索的学习习惯。而教师要做的就是在学生的汇报中调控几个点。

教师们可能会有这样的疑问:课后作业课上做,课上教材作业什么时候做?这里要说明一下:本节课教材提供2道课堂作业题,求停车位的面积和预学单呈现的习题整合,教材中第2题则与学习单呈现的3个图形整合,既完成知识巩固，又节省了时间。

作业作为形成性评价，它的功能是诊断与改进．在探索双减背景下作业设计过程中，我们同样经历了"实践、诊断、改进"再"实践、诊断、改进"的过程。我们的思考一直在路上。

（系营口市作业优化改革现场会发言材料）

基于学生自主学习的作业设计

尊敬的各位领导、老师：

　　大家好！

　　下面我以张老师执教的第四单元精读课《精卫填海》为例，谈谈如何让作业真正撬动教师行为的改变和语文课程的变革。

　　本单元是以神话组织的单元，是继三年级上册童话单元、下册寓言单元之后，第三次以文体组织单元。这次编排的神话，旨在引导学生进一步了解神话特点，帮助学生形成对神话这种文学体裁的初步认识。这是本单元的语文要素：

　　　　了解故事的起因、经过、结果，学习把握文章的主要内容。
　　　　感受神话中神奇的想象和鲜明的人物形象。

　　基于以上，用多种方法引导学生感受神话故事中神奇的想象和鲜明的人物形象，带领学生走进中外神话，感受阅读神话的价值就是本单元核心目标。

　　如何通过作业与教学同构，让课堂真正成为引发学生深度学习的活动场，成为学生学科核心素养提升的训练场？

　　优化作业包含课前预习、课中作业和训练、课后作业3个部分。

一、我们要进行有效的课前预习

何为有效？

有效预习不是让学生简单、机械地记字词，读通课文，而是引导学生运用已有的方法学习新知识，是教给学生如何查阅资料、如何搜集和筛选信息，是鼓励学生在预习中学会思考，学会提出问题并带着问题走进课堂。

通过预习，学生生成的问题，如精卫为什么填海、怎样填海，成为课堂上师生共同探究的话题。可见，有效的预习，使学生不再是课堂的旁观者、倾听者，而是自主学习的探究者、实践者。

二、课中作业和训练应是高效的

如何高效？

一是需要教师巧妙设计课中作业，在学生思维的低点、卡点、生长点处"铺路架桥"。课堂上，学生对"衔"的识记是粗浅的，是表层的，课中作业对"衔"的字义理解，既是字词训练点，又让学生思维的"低点"有了高度；用语言表达想象的画面，是学生能力的卡点，这一课中作业的设计既是句子的训练点，又是学生的深度学习的引入点；"精卫能否填平大海"是本课的生长点，这一课中训练的设计，既是思维的碰撞点，又是学生语文素养的提升点。

二是需要我们教师在设计学习活动前有预设，活动过程中有指导。精心的作业设计，加上活动过程中的有效指导，才能呈现出学生"开开心心地做、积极主动地学、不知不觉中长"这样和谐生动的学习场景。

三、我们要设计实效的课后作业

"夸父和精卫有什么共同点？你从中受到什么启发？"这一课后作业的设计，是对本节课堂教学的延续与拓展。通过比较阅读，让学生感受神话故事人物形象,同时自主建构起对经典文学作品的热爱。课堂上,学生围绕"精卫形象"进行探究学习;课后,孩子们可以用此方法对夸父、大禹、刑天等诸多神话人物进行探究。探究的结果就是发展思维、提升素养,为孩子的一生奠定"精神底色"。

经过这一段时间的研究,我们觉得:要想破解作业困局,不能只着眼于作业环节本身,而是应该将其融入整体教学设计之中。这样才有可能让学生在体验式、实践式的作业中,在自主探究、合作交流中,语言增加厚度,思维增加深度,情感增添温度,文化素养增加浓度。

(系营口市作业优化改革现场会发言材料)

◆

第五编　因材施教

论小学生创新能力的培养

知识经济时代的社会,是一个需要创新、到处充满创新的社会。社会需要大量的创新人才,国家要求公民有创新能力。培养创新精神和创新能力的人才,就必须依靠基础教育,从基础教育抓起。因此,小学基础教育必须担负起培养小学生创新意识、发展他们的创新能力、帮助他们学习进行创新的方法和知识,为将来具有一定的创新能力打下良好的基础,提供一个创新能力发展的平台。下面结合语文教学,谈谈自己培养学生的创新能力的几点看法。

一、创新意识是创新能力的基础

要造就具备创新能力的人,首先就应培养学生的创新意识。培养学生的创新意识,需要教师彻底地转变观念,从"教学"转向"学教",从"以知识为中心"转向"以学生为中心",从"重视知识的积累"转向"重视创新意识的培养"。教师要清醒地认识到学生知识的学习已不是目的而是手段,是激发学生创新意识、培养学生创新精神、开发学生创新能力的手段,进而在教学中注重引导学生重视知识的发现过程,学会认知方法,形成探究精神、独创精神。

(一)实行"先学后教",培养创新意识

要变"要我学"为"我要学",大力培养学生在学习中的主体意识。在教育教学中,教师要鼓励学生积极主动地去预习,并指导学生逐步养成自学的习惯,让预习笔记成为学生必不可少的学习伙伴。教师要鼓励学生参与"学教"过程,质疑问难、探索创新、另辟蹊径。实施儿童的"六个解放",真正突出学生学习的主体地位,培养学生的创新意识。

(二)实施"情境教学",发展创新意识

要变"苦学"为"乐学",激发学生认知兴趣和好奇心,提高其探求知识的欲望;要变"死学"为"活学",突出学生的主体地位,培养主体创新意识;要变"机械地满堂灌式教学"为"灵活地启发式学教",充分激发学生学习热情。学生浓厚的学习兴趣,高昂的探索热情,是主动认知、创新的巨大动力。因此,教师要善于运用实物、图片等教具,使用多媒体等现代教育技术,积极创设问题情境、实施情境教学。

(三)贯彻"问题教学",强化创新意识

现代思维科学认为,问题既是思维的起点,又是思维的前提,一切创新都是从问题开始的。因此,使学生产生问题意识,并非坏事,反而能提高学生发现问题的敏锐性、分析问题的深刻性和解决问题的创新性。教师应设法让学生时时有问题,处处在问题情境之中。要变"问号越来越小"为"问号越来越大",使学生随着认知的深入,问号越来越多,越来越大。只有这样,学生的认知欲望、创新意识才会越来越强。

二、观察能力是创新能力的起点

观察是人们全面、深入、正确认识事物的一种过程,是学生认识事物、认识世界、增长知识、实施创造的主要途径。灵敏地、细致地观察是发明创造的基石。

培养学生观察力,有明确的观察目标和科学态度,要培养学生的观察兴趣。在此基础上,教给观察方法,引导根据不同的观察目的和任务,选择不同

的方式、方法或顺序反复地观察,要教会学生做观察记录和分析整理观察材料的方法。在教学中重视观察,注意使观察内容与教学有机结合。

(一)结合教学内容体会观察的意义、作用

学习科学家发明创造的内容,如"达尔文与松鼠""瓦特与水壶"等等。让学生懂得发现的起源与结果的关系,有利于培养学生的观察意识和兴趣。

(二)习作前指导学生观察

习作前指导学生进行观察,培养动笔前通过观察搜集素材的能力。在习作时,根据要求选取素材,写出的内容才能生动、活泼、真实。由此而使学生知道习作的内容来源于观察,深切体会到:习作素材哪里找?处处留心皆材料。

(三)学生说见闻、谈理想,有利于学生养成善于观察的习惯

指导学生把观察内容储存起来,从诸多观察内容中索取表达对象,进行思维训练,使学生形成随意观察的能力。结合教学内容布置一些课外观察作业,多给学生创造观察的机会,并养成写观察日记的习惯,激发观察兴趣。如果在观察中发现了新的问题,其观察的兴趣将更加浓厚,创新能力就会在观察中逐渐发展起来。

三、质疑、善思,是培养学生创新能力的源头

"学起于思,思源于疑。""一切创造从疑问开始。""提出一个问题往往比解决一个问题更重要。……提出一个新问题,或从新的角度上去看旧的问题,都需要具有一定的创造力,而且它标志着科学的真正起步。"这些表明:质疑是创新的源头。在教学中,教师要积极培养学生自主发现、解决问题的能力,开发学生潜在的创造性思维,培养学生的创新能力。

如:教学《蜜蜂引路》,我揭示文题后引导学生根据题目说说有什么疑问,

学生举手提出3个统领全文的问题：①什么叫"引路"？②蜜蜂是怎样为列宁引路的？③蜜蜂为什么能为列宁引路？

教学《中国石》最后一个自然段，我也放手让学生提出下列问题：①"我"为什么把"中国石"奉为至宝？②"奉为至宝"是什么意思？③"我"为什么"暗地里摸一摸"中国石会感到快慰？④"祖国"在我身边，为什么不直接写"中国石"在我身边？⑤"祖国在我心中"表达了作者怎样的思想感情？有了以上的这些问题，便可以引导学生自己讨论，让他们自己解决问题，必要时再画龙点睛。

教学《三只小板凳》时，我首先向学生介绍了爱因斯坦的生平，再让学生初步感知课文的主要内容，为学生创设了发现课文的主要内容和他们已有的认识"爱因斯坦是个著名的物理学家"之间存在着很大的差异的情境。此时，我便抓住时机，让学生提出自己的疑问。果然，学生文："爱因斯坦在手工课上连3只小板凳都做不像样，长大以后怎么会成为著名的物理学家？"这样，使学生一开始就产生疑问、探索的心理，很自然进入最佳的学习状态，再引导学生自己解决问题。

教学《草船借箭》一课时，有学生质疑：诸葛亮哪里是借箭，他分明是用草船骗箭。面对学生的问题，我没有急于回答，而是引导学生再读读课文，想想，议议。结果，学生纷纷发言。有的说："诸葛亮的确是用计谋使曹操上当，获得了十万支箭，但不能说是'骗'，这样就是贬义了。用'借'更体现了诸葛亮的神机妙算。"有的同学则说："这箭后来用到了赤壁之战上，这不等于把箭'还给'曹操了吗？所以用'借'更合适。"

就这样，在授课时把质疑、解疑作为教学方法的重要组成部分，对学生的不同疑问细心听取，正确引导，会使学生在思考、探索中有新的发现、新的创造。

四、丰富的想象是培养学生创新能力的翅膀

想象是一种可贵的心理品质，是人探索活动和创新活动的基础。它是人

脑在原有表象的基础上加工改造,形成新表象的思维过程。想象力比知识更重要,因为知识是有限的,而想象力概括世界上的一切,推动着进步,是无穷的。一切创新的活动都是从创新性的想象开始的。教师要鼓励和启发小学生大胆地进行想象。

在教学《捞铁牛》后,我提出问题:假如今天铁牛又被大水冲走了,你会怎么捞?学生的思维顿时活跃起来。有的说用飞机,有的说用潜水艇,有的说用起重机,其中一个同学的设计在班里引发了一场激烈辩论,他说先用激光刀把埋在沙里的铁牛切成若干小块再捞,捞上来再进行焊接。设计可行与否并不重要,重要的是引发了学生的想象力与创造力,人人都参与,人人都有收获。

在教《我要的是葫芦》一课后,我提出这样的问题:如果课文有第五自然段,那应该写什么?经过思考,学生们做出了种种回答。有的说,种葫芦的人会非常伤心;有的说,种葫芦的人从今以后做任何事都很虚心;有的说,种葫芦的人懂得了植物的叶子与果实的关系,还把这件事告诉了朋友,让他们不要再犯同样的错误;还有的说,种葫芦的人按照邻居告诉他的方法,又种了一棵葫芦,这次葫芦架上长满了又大又可爱的葫芦。

教学《蝙蝠和雷达》后,可以进行这样的创造性训练:人们从蝙蝠身上得到启示,发明了_____;人们从_____身上得到启发,发明了_____;我从_____身上得到启发,想发明_____。教师教学生联想,让学生以不同的方式自由思考,学生可从其学过的知识或经历过的经验中,去寻找并建立事物间新奇而富有意义的关系。这能使学生举一反三、由此及彼、触类旁通,发现、提出新问题,并依据相关规律解决新问题。

五、求异思维是培养学生创新能力的核心

求异思维,又称发散思维、辐射思维,是指在思维过程中,不拘泥于一点或一条线索,而是从已有信息出发,尽可能向各个方面扩展,不受已知的或现有的方式、方法、法规、范畴等的约束,并且从发散思考中,求得多种不同的解

决办法，衍生出多种不同的结果。由此可见，创新能力离不开求异思维，创新性的思维品质必须在训练求异思维中加以培养。

上习作指导课《_____，我想对你说》时，学生通过自己读书，已明确了作文的要求：有真情实感，结合具体的事例写。为启发他们的求异思维，我在写作的对象上"点"了一下：既可以对某一个人说，也可以对某一类人说；既可以对熟悉的人说，也可以对陌生的人说；既可以对人说，也可以对物说。有了这一"点"，学生豁然开朗，写作对象不再局限于师长、姊妹、同学，于是，有对市长说的，有对国家足球队教练说的，有对少年艺术团的"大哥哥"说的，有对动植物说的，有对地球宇宙说的，还有对文学作品中的主人公说的……一篇篇热情洋溢的文章，流淌出孩子们的肺腑之言。

教完《落花生》，要求学生学习借物喻人的写法，写一个事物，说明一个道理。我以《蜡烛》为例，指导学生从多角度去思考。有的学生从它的用途——照明去思考，体会它燃烧自己、照亮别人，有无私奉献、自我牺牲的品质；有的学生虽然也从用途去思考，但角度不同，而是从应用的时间和范围去思考，蜡烛平时放在抽屉里或桌角，一旦停电，它就挺身而出，给人以光明，它那默默无闻、甘当配角的精神值得人们学习；有的学生则揭蜡烛的短处——不坚强，它一开始工作就流泪，不但泪痕满面，而且泪痕满身，遇热会弯腰变形，从而提出它性格软弱，不像青松那样不怕重压、坚强不屈，通过对比，告诫人们要坚强，要迎着困难奋勇直前。

《称象》一课，曹冲才7岁，就想出了称大象重量的方法：用水的浮力，等量交换。教学中，指导学生去探讨曹冲为什么能想出这样的办法，让学生从多角度去思考。一是曹冲能从官员们的议论中得到启发；二是曹冲从平时的观察中寻求办法。从青蛙跳到荷叶上，荷叶发生的变化中得到启迪……学生在学习过程中，思想活跃，敢于创新，避免了思维过程单向定式、思维方法刻板僵化。

求异思维可以使人思想活跃、思路开阔、思维敏捷，办法多而新颖，能提出大量可供选择的方案、办法和建议，特别能提出一些别出心裁，完全出乎意料的新奇见解，积极拓宽思维领域，以克服思维的呆板性，促进思维的灵活性。要鼓励学生不满足于获取现成的答案或结果,从多种角度认识同一事物,并综合为整体认识;要鼓励学生创造性运用所学到的知识去适应新情况、探索新问题,逐步养成多角度、全方位思维的习惯,加快思维速度,提高创新性思维能力。

21世纪是创造的世纪,需要一大批敢创新、会创新的创造型人才。探索培养小学生创新精神和创造能力的方法和途径,成为21世纪每个教育工作者所要致力研究的重要课题。我们要切实地实施以创新精神为核心的素质教育,摆脱旧的教育模式,大胆尝试创造教育,培养学生的创造能力,造就高素质、全面发展、有创新意识、创造精神的创新人才。

为"特殊学生"撑起一片七彩的天空

在我们身边,不知从什么时候起,单亲学生、贫困学生、农民工子女学生多了起来。家庭的压力、生活的重荷,过早地困扰了他们的成长。如何使这样的孩子和其他孩子一样幸福地生活、快乐地成长,应是教育工作者关注的重点和难点。我们就此问题进行了思考和尝试。

一、让每一位教师的心理都充满阳光

好的教师能为学生设计一个良好的心理成长环境。有人说:"希望引导别人走正确的道路,激发别人对真善美的渴求,使别人的素质和能力得到最高发展,他应当首先发展他本身的这种优秀品质。"可教师不是神,他们心里同样承载着工作和生活上的压力。教师应比一般人的心理更健康,这是教师自身健康生活的需要,也是学生心理健康发展的需要,更是做好"问题学生"教育工作的需要。因此,注重解读教师人生,弘扬高尚的师德师风,不断激发广大教师工作的自觉性、积极性和创造性,应成为"问题学生"教育工作的切入点。

(一)解读教师人生,以心灵感染心灵

教师对学生的影响是全方位的,深刻而长远的。特别是小学生,他们的认识能力有限,与教师"有效接触"的时间最多,很多学生都要把教师的一切视为自己效仿的楷模,只有教师具有健康的心理,才能博爱每一位学生,施爱于"问题学生"。作为教育行政部门和学校,可以通过各种方式的心理辅导和活动来加强教师心理健康教育,提高教师自我调节能力。

一是普及型的心理健康教育活动,即利用集中培训时间,针对教师中出现的普遍性心理问题进行疏导。

二是信息型的心理健康教育网络辅导,即利用网上心理论坛、心理社区、心理聊天、心理留言、心理电子信箱等形式,多方式、高效率地开展心理咨询活动。

三是针对性的心理健康教育团队辅导,即以学校为单位为教师提供心理帮助和指导。

四是科研型的心理健康活动研究,即对某个心理健康问题进行集中、系统、有针对性地研究,以找到解决心理难点与焦点问题的重要途径。让广大教师在紧张、忙碌的工作状态下,都能正确地面对各种压力,保持一个健康的心态。

教师要把无私的爱,毫无保留地献给"问题学生";把深沉的爱,蕴含在为"问题学生"所做的每一件事中,用自己健全的人格成为"问题学生"眼中最具魅力的良师益友。

学校可以为教师提供"休闲室",经常组织教师进行小型有益的体育锻炼,开展"快乐工作、快乐生活每一天"活动等等,用全新的工作与休息方式,为教师的教育生活带来深刻的变化,让教师在享受被尊重与被理解中,体验到生命成长的快乐、教育人生的美妙,从而让教师的人生成为成功的人生、健康的人生、快乐的人生。让"问题学生"在教师和谐、乐观的工作状态下,变得自信和快乐。正如有人所说:"教师的人格是儿童心灵最灿烂的阳光。"

(二)加强师德修养,以人格塑造人格

教书育人,为人师表,是中华优秀传统文化的精粹。教书者必先学为人师,育人者必先行为示范。为人师表,不仅要求教师要热爱学生、忠诚事业,更要求教师用自己的理想信念、道德情操、人格魅力,对"问题学生"进行耳濡

目染、潜移默化的影响。

1. 开展师德论坛，在碰撞中体验高尚

随着课程改革的不断深入，教学沙龙、教育论坛成为教师们喜闻乐见的学习方式，我们可以抓住这一契机，引导广大教师深入开展论坛活动。让广大教师在对话交流中、在理念的碰撞中体验高尚道德，理性思考"新时期师德内涵"。

2. 建立师德档案，促进教师自省

为了激发广大教师爱岗敬业的精神，可以通过建立师德档案的方式最大限度地调动教师的内驱力。应改变过去档案中只记载奖惩或量化的形式，把它变成记录教师成长过程的模式，从而大大激发教师的工作热情，使他们在工作中创造一个又一个业绩。

3. 以文学社活动为载体，不断提高教师的品性修养

近几年，教师队伍趋于年轻化。如何使他们在喜闻乐见的形式中陶冶情操、砥砺品行，让教师们时刻带着快乐的心情、健康的心态走进课堂、走近学生？我们认为，创建青年教师文学社是一个提高教师品行修养的很好方式。通过集体读书、文学创刊、活动联谊、网上交流等方式，引导教师在浩如烟海的文学世界中，感悟做人的价值感和做教师的幸福感。

二、特别的爱给特别的你

时代的发展和家庭境遇的不同，使得"问题学生"在自己求学和人生的道路上难以举步，他们更需要得到关爱和抚慰，家庭、学校、社会更应为他们撑起人生一片灿烂的天空，用教师的慈爱、同学的友爱、社会的关爱，为他们消除心头的挫折感和自卑感，树立生活的信心和未来的勇气。

（一）用爱为"问题学生"导航

情感大变，日常行为无常，是这些孩子的特点。作为现代教育工作者，我们应该做的，便是真心聆听单亲学生的情感倾诉，热心满足贫困生（特别是农民工子女)的求学愿望,耐心扶助他们成长的脚步,让他们时时处处感受到在"艰难"的日子里,有老师、同学同行。

1.关注单亲的孩子——营造"家"的温馨

单亲的孩子最希望的是现有家庭成员的和睦和融洽。学校和教师虽不能复原孩子的家庭,却可以让孩子重新找回"家"的感觉,为他们营造一个舒适而温馨的"大家庭"。因此,面对这些孩子,作为教师的我们应给予他们母亲般的爱,不仅关心他们的学习,更应关心他们生活的点点滴滴,帮助他们解决遇到的各种"难题",让他们生活在一个充满真情友爱的集体里,感受充满阳光的生活,从中找回"家"的感觉。

为了便于孩子倾诉情感,可以通过设立"悄悄话信箱""心语电话"等交流的桥梁,使"问题学生"能及时倾诉。教师在各项活动中也要为他们多创设一些展示才华的机会,而且做得丝丝入扣,不留痕迹,因为这些"问题学生"的心灵深处常常埋藏着"自强"的种子,拒绝别人特殊的"照顾"。

2.关爱"贫困孩子"(农民工子女)——给予"学"的权利

关爱是人类最美好的情感,也是一种高尚的道德情操。对于贫困生,重要的是开通"绿色通道",确保学生不因经济困难而辍学。

第一,加强"关爱教育"的宣传。学校可通过宣传栏、校报、广播、电视等媒体的宣传,为关爱教育的顺利实施营造良好的社会氛围。

第二,设立"关爱基金"。通过与特困学生结成关爱对子,设立"关爱基金",成立"爱心超市"等方式,在经济上给予他们支持与帮助。

第三,开展"关爱教育"活动。学校可以通过主题大队会或班队会等开展"五心"关爱活动:一是爱心引路——坚持用爱唤醒爱;二是热心帮助——坚持用热心激发"问题学生"的主体性;三是诚心奉献——坚持以诚信建造诚信的道德品质;四是真心教育——坚持以真心把根留住;五是信心鼓励——坚持用信心给"问题学生信心",让学生真正处于关爱的人文环境之中。

第四,建立"成长记录袋"。让学生随时看到自己进步的足迹,成功的点滴,从而激发他们求学的积极性。

（二）家校结合，双管齐下，注重家庭环境的重塑

家庭环境的重塑与学校的关爱、教育同等重要。在新形势下解决"问题学生"的教育问题，切实提高教育的实效性，在实践中我们还应构建家校联网互动的工作机制。

1. 办活家长学校，构建民主平等的家校沟通桥梁

利用"家长学校委员会"，与家长共同磋商家长学校活动内容和形式，共同拟定"家长学校活动计划"，从而打破家长学校是学校领导和教师们"单方面表演"的局面，提高家长参与的积极性。

在家长学校活动中，除了让家长倾听了解校史、校纪、校规，还可带他们参观校园新容貌、学校成果展、师生作品室。与此同时，提供机会让家长充分交流教子育女的做法，让他们更加关心教育、关注孩子成长。

2. 师生家长会，倡导师生、家长互动的群言堂

为使家长会真正成为家长与孩子心与心交流、情与情倾诉的平台，学校可以打破家长会是班主任"一言堂"的局面，变成教师、家长、学生的"群言堂"。在家长会上，可以有教师崭新的教育理念与家校教育的感悟，有学生兴趣爱好汇报、特长介绍，有家长困惑、体会、建议，等等。

另外，可以采用"请进来"的方法，丰富家长会的形式和内容，使家长们进一步了解新形势下孩子的需求，懂得如何使孩子在肯定中成长的道理，真正体会到：重智、重德、重心、重孩子的全面素质，是形势所需。

3. 家校书信传递，拓宽家校联络的渠道

为进一步加强与家长的沟通，作为教师的我们，可以通过"家校联系卡""学生、家长悄悄话交流卡"等实现双方对等式的诚挚交流，让家长与教师、孩子的交流更方便，使家校教育更和谐、更完善。

4. 家庭访问，营造和谐的家访天地

以前的家访都是"无事不登三宝殿"，不是报"忧"的，就是"告状"的，造成一些家长，尤其是"问题学生"的家长，怕见教师。因此，面对"问题学生"，教师的家访应以报"喜"为主。"喜"从何来？这就要求教师细心发掘孩子身上的

闪光点,特别是"问题学生",更需要教师有一双慧眼予以引导和鼓励。因为这最珍贵的"喜",从深层意义上讲,是帮助家长树立教育孩子的信心。当然也有"忧"要向家长报告,但不再是"告状",而是相互沟通,商量教育的对策,提出自己的想法。这样的谈话家访方式,家长会喜欢,孩子会时时觉得生活在温暖幸福的家庭里,因为家长对他充满"信心"和"希望"。

　　总之,"问题学生"是特殊学生,其教育是一项长期的复杂工程。我们坚信,每位学生都是一颗金子,关键是用爱心挖掘,用尊重、信任、关怀鼓励,为他们撑起一片广阔的七彩天空,使他们能健康快乐地成长。

做一个快乐的领航员

德育一直处于学校工作的首位。多年来,在工作中,我们注重用新理念指导自己的实际行动,从小学生自身的需要出发,精心策划、精心组织、精心实施了"守规范、重参与、学做人"工程,并提出了"起点是参与、重点是养成、目的是做人、核心是发展"的工作思路。以落实《公民道德实施纲要》为主要内容,以体验类活动为载体,讲究管理艺术,追求道德教育的人文化、自主化、生活化,切实提高德育工作的针对性和实效性,最终为少年儿童的自我觉醒、自我生成、自我发展提供了广阔空间。

一. 拓宽自主德育空间,在体验活动中强化养成教育

"把学校和班级还给学生"是我们一直在工作中积极倡导的以学生为主体的管理模式,为学生搭建自我教育的舞台来扩大养成教育成果。如"今天我当家"的轮值制,"人人有岗位"的责任制,"个个得奖状"的激励制,等等,着重于岗位建设的实践,培养学生责任感和履行责任能力,也规范学生自己的行为。学校注意从工作的需要和学生的意愿出发,设计一个个岗位。如特殊期间班级的卫生监督员、校内的保洁区、垃圾箱的管理人员、校外服务点的管理人员等等,分解为一个个明确的岗位,然后根据每位学生的特点,让他们分领一项为学校或班级服务的工作,以发挥他们的特长。并通过采取"一岗多人、竞争上岗、挂职试岗、失职下岗、定期换岗"等方法,使学生有机会参与班

级、学校的管理,体验不同的角色,发挥个人的才干,促进管理的民主化,使学生服务自主化,学生们也在管理中规范自己的行为。

在建立以学生为主体的管理模式基础上,我们又构建了环境育人的自我教育模式,主要体现在创设校园文化上。首先,我们带领学校德育处的几位同志拿出总体设计,再将我们学生的优秀作品在走廊墙上展览出来,让人感觉到艺术之花开满校园。一楼、二楼走廊上,那五颜六色的绘画作品,编织了学生童年的梦。三楼走廊上的生活化习作,把学生们的真实体验表现得活灵活现。四楼走廊上,同学们挥毫泼墨的一幅幅书法作品,让人看后流连忘返。同时,我们改变了以往教室布置学校统一规划的传统模式,要求班主任带领同学们根据班级特点、学生特长进行"班级特色文化"建设,师生通过上网检索、到图书馆查找资料、与专家讨论等形式集思广益,富有特色的班级文化诞生了,无形中掀起了要让教室成为师生工作、共享、共赏的学习乐园。如:走进六(2)班,就能感受到"相亲相爱一家人"的文化氛围;走进六(1)班,映入眼帘的便是浓浓的书香气。现在学校的每个教室,既有共性,又有个性,真是"八仙过海,各显神通"。学生们把教室当成成长的乐园、学习的摇篮。学生在自主、和谐的环境中健康地成长。班级形成了较强的凝聚力,"我爱我家"的声音响遍整个校园,优美的校园环境、浓厚的班级文化悄悄影响着我们的学生。学生们也在民主管理中形成自我约束,在"知、情、行合一"的管理模式中,协调发展自己的品行。

一次次实践证明,单纯的说教是枯燥、苍白、乏力的。学校养成教育必须尽量通过活动来开展,让学生亲自参与接受教育,才有可能产生良好的效果。因此,我们在学校实行自我管理模式的基础上,积极倡导创设适合孩子年龄特点的活动,赋教育于学生喜闻乐见的活动中,在活动中指导学生行为养成训练,让学生在活动中去感悟,进而内化为自己的行为。我们还抓住社会上的热点问题,有针对地进行教育。

我们注意引导教师们在活动的设计上要具有创新性。如学校每年都要进行开学典礼和"六一"活动,我们一改以往总结、讲话、表彰等形式,代之以别具一格的师生同台演出、学生才艺展示,拉近了师生心与心的距离,加速了师生情感的交流，从而提高了学生自主性和参与度，不但破除了过去学校行为训导中的表演式管理，而且走出了实效性差的困境。

二、利用现代信息技术，创建德育工作的新平台

现代信息技术已成为现代教育必备的一种手段。寓思想教育于生动感人的形象或情境中，能够促进学生的情感受到冲击和震撼，从而产生强烈的情感效应，更好地晓之以理、动之以情、导之以行，增强教育的实效性。

我们紧紧抓住校园网这一教育载体，率先创办了实验小学的"小主人电视台"，开办了《校园风景线》《露一手》《小小记者站》《影视天地》《动物世界》等栏目。一改以往学校德育工作局限于思想品德课、班队会、班主任工作等传统模式，克服了教育投入与教育效果之间反差比较明显的弊端，为学生提供了丰富多彩的德育感性资料。国庆节期间，我们通过小主人电视台向全校播放了关于我国发展的专题片《红旗下的思考》，以及天安门前的阅兵，使同学们仿佛身临其境，更清楚地了解到祖国苦难的过去历史和奋勇拼搏的现实生活，学生深刻地意识到：民弱则国弱，民强则国强。

三、以"校本课程+辩论活动"为载体，促进学生"主动学习"习惯的养成

面对新课程，我们重新审视了德育工作的丰富内涵，发现"主动学习"是养成教育的核心。因此，我们以养成教育为契机，寓教育于校本课程之中，培养学生具有"主动学习"的良好习惯。

我们先是尝试了"教师引领——辩论导行"模式，以便培养学生主动学习的习惯，收到较为理想的效果。后来，我们根据西市区下发的《小学生学习习惯的养成》，制定"主动学习"习惯养成的方案，组织教师进行交流和研讨。我们以辩论活动为载体，来促进学生的"主动学习"习惯的养成。每一次辩论活动都成为所有学生主动搜集、整理、应用资料的学习过程。我们还通过评选校、班的星级辩手，开展星级辩手的擂台赛，促进学生辩论的积极性，常辩不

厌,常辩不衰,让学生在活动中得到不断提高,学习的个性得以张扬。在学校中,经常能听到、看到教师和学生、学生和学生之间针对辩题的交流与碰撞。正是这一次次辩论活动的开展,我们校园内逐渐形成了一种"敢想、敢说、肯学、善学"的学习氛围。学生们在学习中不再唯书、唯师,而是敢于、善于发表自己的见解。在学校的语文、数学、道德与法治、综合实践活动课等课堂上,能经常看到学生辩论、交流的场面。学生们也在一次次辩论中学会了倾听,使自己的学习方式、思维方式发生了质的飞跃,进而养成了自主学习、主动发展的好习惯。

四、开展丰富多彩的科技活动,培养学生的创新意识

我们牢牢抓住科技活动来培养学生的创新意识。

我们多次请来市科协、区科协同志来校,一是开讲座,二是来指导。这些同志与学生、教师一同研究作品,使科技创新的研究氛围达到了空前未有的局面,作品跃上新的档次。学校与科协的紧密联系,使社会力量成为学校创造发明的强大后盾。

我们充分利用晨读时间开展全校性科普读书活动,通过举办"科普知识竞赛"激发学生读书热情。我们开展了"奇思妙想"大赛,同学们可以把设想勾画出来,投到红领巾广播站,定期播放讲解。我们还鼓励教师参加此项活动,定期也要拿出自己的作品。这些活动推动了我校科普活动向更深的方向发展,并掀起了研究热潮,细心生活、敢于创造已成为全校师生的自觉活动。

时代需要人才,人才需要培养。我们坚信,做好小学生的思想品德教育,定会为培养新世纪的文明人奠定良好的基础。

后　记

愿做一棵小草 守望教育 舒展成长

从踏上工作岗位的那一刻起，我便把自己视为小草，为祖国的教育事业奉献出自己的绿叶。

从基层一线，到学校主要负责人，"不忘初心，牢记使命"，我本着"干一行、爱一行、专一行"的原则，任劳任怨、真抓实干、不求索取、不图回报，一路激情，一路收获，一路都是快乐。

面对教育改革的深入推进，我积极在"变局"中探求思路，努力在探索中开创"新局"，通过"五个一"积极打造专家型研训团队，实行"四渠道"并进、"三层面"推进，为教师发展赋能，为西市教育发展助力。

工作时，我乐于追求极致。无论是一项主题活动的选人用人、一次现场会文案的策划、一张培训会发言人的讲稿，还是一张图文并茂的幻灯片，我都要将每一个细节推向一种极致状态，全情投入、亲力亲为、追求完美。我把教育看作是我的事业，倾注着高度的责任感，让自己成为系统内政治素质上的领头雁、业务能力上的排头兵。

其实，默默地耕耘，在一定意义上，就是在充分享受着教育发展带来的巨大快乐。在今后的日子里，我继续用执著去追求创新，用智慧去编织花环，用勤勉去反哺收获，用实际行动去书写我对党和政府教育事业的无限忠诚。

2022 年 10 月 20 日

160